Andreas David Mordtmann

Die Amazonen

Andreas David Mordtmann

Die Amazonen

ISBN/EAN: 9783955641931

Auflage: 1

Erscheinungsjahr: 2013

Erscheinungsort: Bremen, Deutschland

EHV
HISTORY

Die Amazonen.

Ein Beitrag

zur unbefangenen Prüfung und Würdigung
der ältesten Ueberlieferungen

von

A. D. Mordtmann, Dr.,

Correspondirendem Mitglied der Königl Academie der Geschichte in Madrid, der Deutschen Morgenländischen Gesellschaft, der Royal Asiatic Society in London und des Instituto di Correspondenza Archeologica in Rom, ordentlichem Mitgliede der Société littéraire und der Dschemieti Ilmiei Osmanié von Constantinopel, Ehrenmitglied der Royal Litterary Society in London.

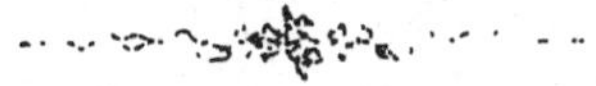

Hannover,
Hahn'sche Hofbuchhandlung.
1862.

Vorrede.

Seit einer Reihe von Jahren beschäftige ich mich mit der Erforschung Kleinasiens in jeder Richtung: ich sammle alles, was über dieses Land in alter und neuer Zeit geschrieben ist, und ich kenne einen grossen Theil der Halbinsel aus eigener Anschauung, indem ich zwölf Reisen nach verschiedenen Gegenden derselben unternahm, dabei so viel als möglich darnach trachtend, jedesmal irgend einen bisher von keinem Europäer betretenen Theil zu besuchen. Ich habe in mehreren kleinen Schriften einzelne Resultate meiner Untersuchungen und Beobachtungen bekannt gemacht, und ich gedenke in dieser Weise fortzufahren, so lange es meine geistigen und körperlichen Kräfte und meine anderweitigen Berufsgeschäfte gestatten. Ich habe die Freude gehabt, nicht nur das heutige Leben der Bevölkerung bis in ihre innersten Gemächer zu erforschen, sondern auch die ältesten Denkmäler der Vorzeit zu betrachten, Denkmäler, welche zum Theil die Berichte alter Schriftsteller bestätigen oder vervollständigen, zum Theil aber auch von Thaten und Ereignissen Nachricht geben, die uns keine andere Urkunde berichtet, Denkmäler, welche andere Reisende vor mir entdeckt haben, und Denkmäler, deren erste Entdeckung mir zu Theil ward. Der Eindruck dieser Zeugen einer untergegangenen Welt auf ein unbefangenes Gemüth ist gewaltig; ich aber kann mich nicht rühmen, mit unbefangenem Gemüthe die Lösung der Aufgabe, die ich mir gesetzt hatte, angetreten zu haben. Die Zeit, wo ich meine classischen Studien begann und vervollkommnete, war die Zeit, wo Creuzer's Symbolik in der Gelehrtenwelt als Richtschnur für die Beurtheilung aller Erscheinungen des Alterthums galt; wo Niebuhr mit unerbittlicher Consequenz die Axt an die Grundlagen der Geschichte Rom's legte; wo Buttmann im Sinn und Geiste Creuzer's die Mythologie von Hellas in einzelnen geistreichen Monographien beleuchtete; wo auch allmählich der Orient mit seinem eigentlichen Leben und seiner eigentlichen Cultur in den Kreis dieser Behandlung hineingezogen wurde; wo nicht nur die von Dichtern, Logographen und Historikern aufbewahrten Ereignisse als Mythen, als Philosopheme, als Symbole ausgelegt wurden, sondern wo die Dichter selbst in Nebelgestalt verschwammen; Heeren und einzelne andere, welche gegen den Strom zu schwimmen versuchten, wurden als Leute dargestellt, die nicht auf der Höhe ihrer Zeit standen, die noch einen längst überwundenen Standpunkt einnahmen. Mitten unter diesen litterarischen Bewegungen aufgewachsen und die Resultate dieser Forschungen mir aneignend, wurde ich plötzlich meiner Heimath entzogen und an die Ufer des Bosporus versetzt, wo ich mich auch noch befinde. Ein glückliches Zusammentreffen von Umständen führte mich nach Karabel, wo ich das von Herodot beschriebene Basrelief sah; führte mich nach der Ebene von Troja, wo ich die von Homer gefeierten Localitäten der Reihe nach mit Leichtigkeit wiedererkannte; nach Palaescepsis, wo ich eine Ruine sah, deren Alter nach beglaubigten geschichtlichen Zeugnissen über 3000 Jahre war. Da wurde ich irre, und als unterdessen auch Rawlinson dem Felsen von Bihistun sein mehr als zweitausendjähriges Geheimniss entlockte, da zögerte ich nicht länger; rasch entschloss ich mich, den ganzen Plunder meines bisherigen Wissens als unnützen Ballast über Bord zu werfen und von vorn anzufangen, indem ich überall auf die Quellen, auf die Originalurkunden, auf die Originaldenkmäler zurückging. In diesem Sinne habe ich bis heute gearbeitet, und ich bereue meinen damaligen Entschluss nicht. Die Resultate meiner Methode habe ich bereits in einzelnen Schriften dem Publicum vorgelegt.

Bei dem mir vorgesteckten Ziele durfte ich die Amazonen aus dem Kreis meiner Untersuchungen nicht ausschliessen; treu meinem Princip sammelte ich zunächst die Originalstellen der alten Schriftsteller, die im Lande auf diesen Gegenstand bezüglichen Sagen und die alten Denkmäler, welche möglicher Weise damit in Verbindung standen, und der Gesammteindruck dieser verschiedenen Erkenntnissquellen führte mich auf das Resultat, welches ich in dieser kleinen Schrift darlege. Als ich mir bereits ein eigenes Urtheil gebildet hatte, zog ich solche Schriften zu Rathe, welche denselben Gegenstand entweder speciell oder im Zusammenhang mit andern Gegenständen behandelt hatten, aber das Resultat war für mich ein klägliches. Nutzen hatte ich keinen andern, als einzelne von mir übersehene Stellen alter Autoren citirt zu finden, und dieser Nutzen war sehr geringfügig, denn es waren meist Stellen, welche entweder nichtssagend waren, oder schon anderweitig bekanntes enthielten; die Behandlung des Gegenstandes bei den verschiedenen Schriftstellern, so abweichend auch sonst ihre Ansichten waren, litt im allgemeinen an einem Hauptfehler; man studirte nicht das Leben am Leben, sondern man stellte ein System auf, und in dieses System wurde alles hineingezwängt, was sich hineinzwängen liess, und was nicht in den Kram passte, das wurde entweder stillschweigend übergangen, oder flüchtig in einer beiläufigen Note bemerkt, oder rundweg geleugnet; alle stellten sich, als wären sie philosophische Geschichtsforscher, aber sie bewiesen, dass sie weder von den Grundsätzen der Philosophie, noch der Geschichte, noch der wissenschaftlichen Forschung überhaupt viel wussten; es waren Producte der Studirstube, welche an dem hellen Sonnenlichte des lebendigen Völkertreibens sich als Missgeburten erwiesen.

Ich trete nun mit der Geschichte der Amazonen auf, d. h. ich zeige zuerst, dass das, was uns die Alten darüber berichten, keineswegs das Ansehen eines Mythus hat; bei weitem die Mehrzahl berichten die Sache als wirkliche Geschichte, die Dichter mit dem Vorrechte der poetischen Auschmückung, die Historiker mit dem Bestreben, ihren Lesern das zu erzählen, was sie selbst als Thatsachen gehört haben und als solche glauben, hin und wieder mit ganz zweckmässigen Vorbehalten; einzelne wenige, welche in ihrer Heimat die Möglichkeit ähnlicher Erscheinungen gar nicht erkennen konnten, leugneten die Sache ab. Das sind die verschiedenen Behandlungen des Alterthums. Erst in neuerer Zeit gelang es der Symbolik, die Erscheinung in einer Weise aufzufassen, wie sie im Alterthum kein Dichter und kein Historiker, kein Philosoph und kein Sceptiker, kein Rhetor und kein Maler aufgefasst hatte; diese symbolische Erklärung hat also von vornherein den Uebelstand, dass sie den Ansichten des Alterthums, so verschieden sie auch immer sein mochten, schnurstracks entgegentritt. Für mich, ich gestehe es, war dies schon ein sehr übles Vorzeichen. Dazu ergiebt aber auch eine nähere Prüfung, dass die Symbolik die Entwicklung des Culturlebens geradezu auf den Kopf stellt, wie ich in der Einleitung gezeigt habe, und ich konnte mich also aus diesen beiden mächtigen Beweggründen nicht veranlasst sehen, die wenigen sehr schwachen, ja fast armseligen Anknüpfungspunkte als vollgültige Argumente eines Systems anzusehen, welches jeden Alten ins Angesicht schlug und jeden Begriff vom Völkerleben auf den Kopf stellt.

Als äussere Form wählte ich nach sorgfältiger Prüfung nicht eine abgerundete Darstellung, wo ich die Resultate meiner Untersuchungen in zusammenhängender Rede darlegte und allenfalls die Quellen in Noten citirte, sondern eine systematisch geordnete Zusammenstellung der Originalzeugen in möglichst wortgetreuer Uebersetzung und mit Hinzufügung der nöthigen Erläuterungen und, so oft es thunlich war, mit Actnahme von den Zeugenaussagen. Die erstere Darstellungsweise hätte den Vortheil, dass sie die kleine Abhandlung fliessender gemacht hätte, es wäre ein Werk aus Einem Guss geworden; aber sie hätte den Nachtheil, dass der Leser nur selten im Stande wäre, zu beurtheilen, ob ich meine Quellen recht verstanden habe, ob ich sie recht ausgelegt habe, ob ich sie sagen lasse, was sie sagen, nicht mehr und nicht weniger und auch nicht anders. Die gewählte Form aber hat den Vortheil, dass der Leser die Zeugenaussagen selbst anhören und prüfen kann, und dass er dadurch in den Stand gesetzt ist, nach eigenem Urtheil mir Recht oder Unrecht zu geben.

Ich habe nicht alle Stellen angegeben, denn viele enthalten nur Wiederholungen oder längst bekannte Dinge, aber ich versichere, dass ich nach meinem besten Wissen und Gewissen keine Stelle, sie mochte für oder gegen meine Ansicht sein, ausgelassen habe, sobald sie irgend ein wichtiges Moment enthielt. Dagegen fehlen fast alle Stellen aus den sogenannten Byzantinern (mit einer einzigen Ausnahme), auch die Stelle in Ammianus Marcellinus, weil sie mir gegen den Schluss ganz unverständlich war. Die Byzantiner sind fast durchgehends eine Sorte armseliger Scribenten, welche nicht einmal ein Verständniss für ihre eigene Gegenwart hatten, sobald sie nicht mit ihrem theologischen Kram in Verbindung stand; für das hellenische Alterthum und für den Orient hatten sie gar kein Verständniss; für sie waren die Hellenen eine Bande liederlicher Heiden, mit denen sie, die christgläubigen Romäer, nicht die entfernteste Verbindung hatten; das Morgenland verstanden sie überall gar nicht und ignorirten es daher ganz. Was sollte ich also mit den wenigen Stellen im Cedrenus, im Theophanes, im Syncellus u. s. w.

anfangen? Von diesem traurigen Bilde machen glücklicherweise mehrere aufgeklärte Staatsmänner eine Ausnahme, wie Procopius, Theophylactes, Anna Comnena, Cantacuzenus, Phrantzes u. s. w., aber diese Leute hatten keinen Anlass, sich über diesen Gegenstand auszusprechen; nur Procopius fand einen solchen Anlass, und siehe da, es zeigt sich sofort eine Ansicht, welche eines Staatsmannes würdig ist, der das Völkerleben nicht in der Studirstube nach einer selbstfabricirten Schablone aufconstruirt, sondern im Leben selbst mit gesunden Augen und unbefangenem Gemüthe beobachtet und erforscht.

Von den morgenländischen Schriftstellern, welche dem Islam angehören, habe ich ebenfalls für diesen Gegenstand keinen Gebrauch machen können; denn abgesehen davon, dass sie der Zeit nach den Ereignissen schon sehr fern sind, so hat der Islam dem Weibe eine Stellung angewiesen, welche die Möglichkeit einer ähnlichen Erscheinung von vornherein ausschliesst. Es finden sich jedoch in ihren apokryphen Geschichtswerken, welche die Kriege mit den Ungläubigen zum Gegenstande haben, eine Menge Reminiscenzen aus der Amazonenperiode, indem sie häufig berichten, dass diese oder jene Stadt oder Festung von einem Weibe beherrscht wurde; ähnliche Reminiscenzen finden sich in der älteren osmanischen Geschichte, augenscheinlich aus Sagen im Lande selbst geschöpft; da es mir aber gelungen ist, einen bedeutenden Theil dieser Volkssagen an Ort und Stelle zu sammeln, so hatte ich nicht nöthig, ihre weitere Ausschmückung durch die osmanischen Historiker aufzusuchen.

*

Man hat die Amazonen mit den Corybanten und Gallen Kleinasiens verglichen, insofern jene Frauen durch Abbrennung der Brust gleichsam die Weiblichkeit aufgaben, während diese sich im Dienste der Cybele entmannten. Eine solche Zusammenstellung ganz disparater Erscheinungen war nur dadurch möglich, dass man das eigentliche Wesen beider völlig missverstanden hatte; sie beweist, dass die Kenntniss des Orients noch in einem kläglichen Zustande ist, denn zum Verständniss beider Erscheinungen fliessen die Erkenntnissquellen ungemein reichhaltig; man hat sie edirt, übersetzt, commentirt, ausgelegt und — doch nicht verstanden, weil man sich in den Kopf gesetzt hatte, dass die Menschen im Alterthum aus einem andern Stoffe geknetet waren, als die heutige Menschheit. Dass die Amazonen eine ganz einfache naturgemässe Erscheinung waren, wollte nicht einleuchten; dass die Corybanten und Gallen noch jetzt in jeder Stadt des osmanischen Reiches vorhanden sind und ihr Wesen noch gerade so treiben, wie vor zweitausend Jahren, das scheint fast allen entgangen zu sein. Für die Erforschung und Erkenntniss dieser Körperschaften sind die Quellen in einem hohen Grade reichhaltig, und vielleicht entschliesse ich mich, in einer Monographie die Resultate meiner bisherigen Untersuchungen über diesen Gegenstand zu veröffentlichen.

Constantinopel, 5. Juli 1861.

Geschichte

der

Amazonen.

Einleitung.

In dem westlichsten Theile von Afrika, da wo die Wüste Sahara den atlantischen Ocean erreicht, ferner in dem Winkel ostwärts von Samsun, wo sich der Thermodon (Terme Tschai) in das schwarze Meer ergiesst, endlich an der Gränzscheide von Europa und Asien, südostwärts vom Tanais (Don), wohnten in uralten Zeiten Weiber, welche auf die Jagd gingen, in den Krieg zogen, und den Nachbarvölkern durch ihre beständigen Heereszüge beschwerlich fielen; keine Mannsperson befand sich in ihrem Gebiete, höchstens als Sklave für die weiblichen und häuslichen Arbeiten; zu gewissen Zeiten des Jahres verliessen die Weiber ihre Wohnsitze, um mit den benachbarten Völkern eine Art ehelicher Verbindung einzugehen, und die aus dieser Verbindung entspringenden Knaben wurden bei ihrer Geburt entweder getödtet oder den Vätern eingehändigt, die Mädchen aber sorgfältig zum Kriege erzogen. Nach dem trojanischen Kriege verschwinden sie, und nur die Geschichte Alexanders des Grossen rief sie wieder auf kurze

1*

Zeit ins Gedächtniss zurück. Amazonen nennt die Geschichte diese kriegerischen Weiber, ohne Rücksicht auf ihre verschiedenen Wohnsitze, und der Name ist noch jetzt gebräuchlich, um solche Frauenzimmer zu bezeichnen, welche als Ausnahmen von der allgemeinen, natürlichen Regel sich kriegerischen und mannhaften Uebungen widmen.

Das Andenken dieser Amazonen wird uns nicht nur von zahlreichen Geschichtschreibern erhalten, sondern auch Dichter und Künstler bemächtigten sich des Gegenstandes, um ihn mit allen Reizen der hellenischen Phantasie auszuschmücken.

Der kindlich-gläubige Herodot und der forschende Arzt Hippocrates, der ernste Plutarch und der fleissige Diodor, der grosse Sänger der Ilias und der Dichter der Aeneis beschäftigten sich mit der wunderbaren Erscheinung, und selbst in den ersten Anfängen der christlichen Literatur, im Paulus Orosius und in dem Istrier Aethicus, finden wir ausführliche Berichte, welche sich mehr oder minder widersprechen, aber doch alle in den Hauptsachen übereinstimmen, und nicht im Entferntesten zu verstehen geben, dass sie irgend einen Zweifel über das hegen, was sie berichten.

Strabo war der erste, welcher sich die traurige Mühe gab, die Existenz der Amazonen rundweg zu leugnen, und er bewies dabei einen solchen Eifer, dass er keinen Anlass vorüber gehen liess, ohne sich in diesem Sinne auszudrücken; ja er ging sogar so weit, dass er selbst die Existenz solcher Oerter und Nationen leugnete, welche mit der Geschichte der Amazonen in Verbindung stehen. Sein Hass gegen die Amazonen, der sich bei jeder Gelegenheit äussert, hat etwas unerklärliches für uns; denn er selbst berichtet uns mit grosser Ausführlichkeit, dass er von einem ähnlichen weiblichen Herrschergeschlecht in Cappadocien abstammt, und seine Vaterstadt Amasia bewahrt bis auf den heutigen Tag in ihrem Namen das Andenken derer, denen er die Existenz abspricht. Was nun die Gründe betrifft, die er zur Unterstützung seines Zweifels vorbringt, so verlohnt es sich nicht der Mühe, sie zu widerlegen; sein Hauptgrund ist von einer sehr hausbackenen Nüchternheit; er hält es für unmöglich, dass ein Gemeinwesen von lauter Weibern ohne Männer bestehen könne; — der Satz ist so richtig, dass ihn die Amazonen selbst nicht in Abrede stellten, wie ihre alljährlichen Fahrten zu den benachbarten Völkern beweisen; die ernsthafte Forschung kann sich mit einem solchen Argumente nicht weiter befassen; es entspricht dem bekannten: „Wie kann Gott einen Sohn haben, da er doch keine Frau hat?“

Ein anderes Argument Strabo's hat etwas mehr für sich; er sagt: „Das alles sieht aus, als wären die damaligen Männer Weiber gewesen und die Weiber Männer.“ Aber wer sagt uns denn, dass dem nicht so war? Von den Paphlagoniern, Cappadociern und Phrygiern, den Hauptnachbarn der pontischen Amazonen, wissen wir eben nicht viel Rühmliches; als erobernde oder kriegerische Nationen erscheinen sie nirgends in der Geschichte, im Gegentheil, so weit diese hinaufreicht, kennen wir sie nur als unterjochte Nationen, und namentlich die Phrygier als eine sehr weibische Nation. Solche Nachbarn sind also gerade wie geschaffen für einen Amazonenstaat, und wir werden in der Folge sehen, dass gerade in Paphlagonien, Cappadocien und Phrygien das Andenken an die Amazonen und ihre Heerzüge noch bis auf den heutigen Tag im Munde des Volkes lebt.

Ein anderer Amazonenfeind ist Arrian aus Bithynien, der Geschichtschreiber Alexanders; gleich Strabo ist er in dem Lande der pontischen Amazonen sehr bekannt, und da er sie nicht mehr dort antraf, so sind sie auch, seiner Ansicht nach, niemals dort gewesen. Seine Argumente gegen die Existenz eines weiblichen Staates sind ebenfalls sehr dürftig und hausbacken, aber in seiner nüchternen Prosa wird er sogar witzig, wenn er sich darüber aufhält, dass Hercules „einen gewissen Gürtel“ der Amazonenkönigin holte. Es ist zu beklagen, dass dieser schlechte Witz sein Meisterwerk, die Feldzüge Alexanders, verunstaltet.

Am drolligsten benimmt sich Paläphatus bei der Sache. Für etwas Unglaubliches hatten schon Strabo und Arrian die Amazonen erklärt; als solches gehört es nothwendig in seinen Kram, und so erklärt er sie einfach für Männer, welche lange Röcke und Hauben trugen und sich den Bart rasirten, weshalb sie von ihren Feinden für Weiber gehalten worden seien; nach dieser köstlichen Erklärung fügt er mit grosser Pfiffigkeit hinzu: „Auch ist es durchaus nicht wahrscheinlich, dass es ein weiblicher Feldzug war, denn jetzt giebt es keinen solchen.“

Einen ganz eigenthümlichen Ausdruck findet dieser Zweifel in dem berühmten Reisenden Hamilton; er besuchte die Stadt Terme (welche wahrscheinlich an der Stelle des alten Themiscyra, der Residenz der pontischen Amazonen, steht) und erfuhr bei dieser Gelegenheit, dass die Bergkette, welche die Ebene von Themiscyra umgiebt, noch immer den Namen Masón Dagh führt; — dass Themiscyra von Lucullus belagert wurde, kann er nicht ableugnen, denn Appian und Plutarch berichten über diese Belagerung, und doch schreibt er, dass „das Themiscyra der Amazonen wahrscheinlich bloss eine Erfindung der Dichter war.“ Das heisst denn doch den Zweifel auf die höchste Spitze treiben: Herodot kennt schon Themiscyra und nennt es ausdrücklich als den Wohnsitz der Amazonen; wir wissen fast von jeder Stadt am schwarzen Meere, von wem sie gegründet ist; fast alle waren griechische Colonien; die Griechen verfehlten nicht, jede von ihnen angelegte Colonie sorgfältig anzumerken; bei einigen dieser Städte ist der hellenische Ursprung zwar etwas zweifelhaft; aber von Themiscyra wird bei keinem einzigen griechischen Schriftsteller eine hellenische Vaterschaft in Anspruch genommen; im Gegentheil sind alle darin einig, sie den Amazonen zuzuschreiben, was wenigstens beweist, dass die ersten Griechen, welche hierher kamen, diese Stadt schon vorfanden. Es scheint mir daher, dass Hamilton's Zweifel lediglich auf Strabo's Autorität beruht, was freilich leicht zu begreifen ist, denn der Reisende in Kleinasien hat nur zu häufig Gelegenheit, der Genauigkeit dieses Schriftstellers ihr wohl verdientes Recht widerfahren zu lassen.

Indessen sind diese Zweifel nicht mehr an der Tagesordnung, und wir brauchen uns nicht weiter dabei aufzuhalten. Dafür ist aber jetzt eine andere Behandlung des Gegenstandes Mode geworden, welche eine noch traurigere

Verirrung des Verstandes beurkundet, und bei welcher ich etwas länger verweilen muss.

Die Symbolik ist eine ganz neue Erfindung, welche es sich zur Aufgabe stellt, alles, was aus der älteren Zeit erzählt wird, mag es nun Sage oder Fabel, Tradition oder Geschichte sein, für eine mythologische Allegorie zu erklären und die historische Basis ganz wegzuleugnen. Dies ist schon bei den eigentlichen Mythen eine sehr bedenkliche Sache, denn es dürfte wenig Mythen geben, die nicht irgend eine historische Basis haben; bei den Sagen und Traditionen wird es noch misslicher; denn die Sage und Tradition beruht in den meisten Fällen auf einer historischen Basis, die nur im Verlauf der Zeiten durch Zusätze allerlei Art verunstaltet und unkenntlich gemacht ist. Bei den historischen Thatsachen ist es geradezu Unverstand, denn es zeugt von einer gänzlichen Verkennung des Völkerlebens in der Wirklichkeit. Ohne andere naheliegende Beispiele zu wählen, nehme ich sogleich die Amazonen vor, um zu zeigen, wie weit sich die Stubengelehrsamkeit verirren kann, wenn sie es verschmäht, das Leben der Völker in der Weltgeschichte, an den Völkern selbst in der Wirklichkeit zu studiren, und sich auf die Gebilde ihrer eigenen Phantasie beschränkt. Ich citire aus der Real-Encyclopädie der classischen Alterthumswissenschaft von A. Pauly Bähr's Artikel „Amazones“ (Band I, S. 394 ff.):

„Bei diesem von der Poesie wie von der Geschichtschreibung so vielfach behandelten und ausgeführten, dann selbst von der Kunst aufgenommenen Gegenstande, dürfte es vor Allem nöthig sein, auf die der ganzen Sage von den Amazonen zu Grunde liegenden Idee zurückgehen, um daraus die mannigfachen Erzählungen und Sagen selbst geschichtlicher Art, die an den Namen der Amazonen sich knüpfen, verstehen und begreifen, und dann nach ihrer wahren Grundlage richtig würdigen zu lernen. Auch hier haben sich aus religiösen Beziehungen Sagen und Mythen gebildet, die in der Folge zur Historie geworden sind, und darum selbst eine geographische Begründung erhalten mussten, die freilich mit der dem ganzen Mythus zu Grunde liegenden religiösen Idee in einer näheren und ursprünglichen Verbindung steht.«

„Diese Grundlage des Amazonenmythus ist offenbar in Vorderasien zu suchen, zunächst in den östlichen und südöstlichen Küstenstrichen des schwarzen Meeres und den nahen Gebirgsländern des Caucasus, wo wir schon frühe einen Mondcultus oder vielmehr die Verehrung einer Mondgöttin in einem orgiastischen, fanatischen, bis zur Raserei sich steigernden Cultus finden, der auch in andern, mehr nach Westen gelegenen Theilen der vorderasiatischen Halbinsel vorkommt, und dort insbesondere in der freiwilligen Entmannung der Diener eines solchen Cultus, zunächst der Priester (man denke an die Temuren, an die Gallen, an die Megabyzen, d. i. Priestercastraten zu Ephesus), hervortritt. In den Amazonen tritt uns eine ähnliche Erscheinung weiblicher Seite entgegen. Wie in jenen entmannten Priestern, in dem Männlichen sich das Weibliche darstellt, so zeigt sich uns in den Amazonen, die auf diese Weise als Priesterinnen der Mondgöttin, im Dienste derselben, gleich den Hierodulen anderer Gottheiten, obwohl in anderer Weise als diese, erscheinen, das entgegengesetzte Verhältniss der Darstellung des Männlichen im Weiblichen nach demselben siderischen Orgiasmus, der auch jene Eunuchen-Priester zum Dienste derselben Göttin hervorrief. Mit der weiteren Ausdehnung und Verbreitung dieses Mondcultus und dieser, in verschiedenen Namen uns entgegentretenden Mondgöttin hängen daher auch die weiteren Nachrichten über die Amazonen zusammen, die daher überall, selbst in Africa's nördlicher Küste, wo ein solcher Cultus herrschend war, erscheinen, bald in der dichterischen Sage dargestellt als ein weibliches, aber kriegerisches Volk, und nun in Verbindung gebracht mit der Heroensage, um als Jdeal weiblicher Kraft und Tapferkeit, als Ideal des Männlichen im Weibe zu dienen; wobei aber immer die erste Beziehung der Amazonensage auf die symbolisch-religiösen Gebräuche kriegerischer Bergvölker des Caucasus, die einem Mondsdienst huldigen, die ihre Göttin bewaffnet darstellten und durch Waffentänze ihre Verehrung bezeigten, festzuhalten ist, um das bewaffnete und kriegerische Auftreten der Amazonen am allerbesten zu erklären. — Diese Beziehung des Männlichen in dem Weiblichen wird dann selbst den Namen der Amazonen erkennen lassen, insofern nämlich derselbe, ungeachtet der vielen in alter und neuer Zeit versuchten Deutungen, sich immer noch am einfachsten wird ableiten lassen von ἀ und μαζός Brust, so dass wir also in den Amazonen die Brustlosen erkennen, und in den Nachrichten von der verstümmelten oder vernichteten rechten Brust (s. Hippocrates De aq. aer. et locis VI, 90 p. 85 ff. ed. Cor. und dazu die Nachweisungen von Coraes p. 263, nebst Sprengel Apolog. des Hippocrates II, S. 597) nur dieselbe Idee der zernichteten Weiblichkeit und Mütterlichkeit, der Enthaltsamkeit, die von den Mondsdienerinnen und Mondspriesterinnen gefordert wird, wiederfanden. Wollen wir aber bei den Amazonen an das Wort Maza denken, womit in der tscherkessischen Sprache der Mond bezeichnet werden soll, so würde die Beziehung dieser weiblichen Wesen auf den Mond und Mondscultur noch mehr hervortreten. Bemerkenswerth ist es, aber nicht in Widerspruch stehend mit der eben angedeuteten Grundidee, wenn Herodot erzählt, dass die Amazonen bei den Scythen den Namen Oiorpata führten, was er durch ἀνδροκτόνοι, Männermörder, übersetzt (Herod. IV, 110. und daselbst meine Note S. 484, T. II. Die verschiedenen Versuche, das Wort Oiorpata zu erklären, wie sie dort angeführt sind, lassen sich noch vermehren mit den Bemerkungen Klaproth's: Reise nach d. Caucas. I, p. 655, der bei den Tscherkessen Aehnliches dem, was Herodot von den Amazonen erzählt, noch jetzt finden will). — In der griechischen Mythe erscheinen, wie bemerkt, diese Mondspriesterinnen als ein Volk von Weibern kriegerischen Sinns, dessen Wohnsitze in die Küstenstrecken des schwarzen Meeres und in die Gebirgsgegenden des Caucasus verlegt werden, wo uns bis auf den heutigen Tag noch manche Züge weiblichen Muthes, weiblicher Kraft und Tapferkeit berichtet werden, und wo im Alterthum ein Hauptsitz des Mondsdienstes war. Insbesondere aber sind es die Gegenden in der Nähe des heutigen Trebisonde, an dem Fluss Thermodon, jetzt Termeh, bei Themiscyra (Herod. IV, 86.

und daselbst meine Note S. 444, T. II, Strabo XI, 5), welche als der Hauptsitz der Amazonen und als der Mittelpunkt dieses kriegerischen Weiberstaates erscheinen. Von hier gehen die verschiedenen Züge der Amazonen aus; von hier aus zieht ein Theil, durch Waffengewalt zur Auswanderung genöthigt, über das Meer (Herod. IV, 110), um in den nördlichen Küstenstrichen des schwarzen Meeres, an der Mäotis, in Sarmatien und Scythien, sich niederzulassen und von da weiter in das Innere sich auszubreiten. Aber wir hören auch von andern Zügen (Strabo XI, c. 5) durch die kleinasiatische Halbinsel, wo sie insbesondere zu Ephesus sich niederlassen, und ausserdem noch andere Städte, Smyrna, Cyme, Myrina, Paphos, der Sage nach gründen; und diese Züge erstrecken sich bis nach Thracien, ja bis nach Attica, und in mehr südlicher Richtung durch die Nordküste Africa's, wo die siegreichen Amazonen am See Tritonis ihre Hauptstadt anlegen, wo Myrina, ihre Königin, die Atlanten und Gorgonen besiegt, mit dem ägyptischen König Horus (das ist dem Sonnensymbol) Freundschaft schliesst, Aegypten und Arabien durchzieht u. s. w.; wie uns dann Justinus und Diodorus, offenbar aus älteren Quellen, genauere Nachrichten über diese Züge, die nun ganz in das Gebiet der Geschichte gerückt sind, und als Eroberungszüge eines kriegerischen Volkes aus Weibern erscheinen, mittheilen (Just. II, 4 ff. Diod. II, 45 ff. III, 52 ff. Vgl. auch Völker myth. Geogr. I, p. 209 ff.). Es dürfte nicht schwer sein, in allen diesen Erzählungen und Sagen, deren Einzelheiten man an den genannten Orten nachlesen muss, das Factum einer weiteren Verbreitung und Ausdehnung des orgiastischen Mondcultus der kriegerischen Bergvölker des Caucasus und des vorderen Asiens, nach verschiedenen Richtungen hier zu erkennen. Was uns dann aber weiter erzählt wird (vgl. Strabo a. a. O. Philostrat. Heroic. XX, p. 749 ff. Olear. p. 236 ff. Boisson.) von einem Amazonenstaat, von einem durch Königinnen regierten, kriegerischen Weibervolke, aus dem die Männer gänzlich ausgeschlossen sind oder der Umgang mit ihnen nur auf eine bestimmte Zeit beschränkt ist, um die erforderliche Nachkommenschaft zu erzielen, in welchem nur Mädchen auferzogen und frühe an Beschäftigung mit den Waffen gewöhnt und in kriegerischem Dienste geübt werden, während die Knaben vernichtet oder zurückgeschickt werden; was von Sitten und Lebensweise, von der Bewaffnung, in welcher insbesondere der kleine mondförmige Schild, neben Bogen und Speer und Streitaxt zu bemerken ist, oder von ihrer Kampfesweise zu Pferd u. dgl. m.; das Alles wird dann mehr oder minder der Poesie und der dichterischen Ausschmückung, zumal als die Amazonensage in das Gebiet des heroischen Cyclus gezogen und die religiöse Grundidee mehr in den Hintergrund gerückt war, als ein Gebilde der griechischen Phantasie anheimfallen, und keineswegs den Anspruch historischer Wahrheit geltend machen können: in welcher Beziehung wir uns schon auf die gerechten Zweifel eines Strabo (a. a. O.) berufen können. Auffallend aber ist, eben in Beziehung auf die oben gegebene Deutung, die Beziehung der Amazonen auf Ephesus und die Verbindung, in die sie mit der ephesischen Göttin — einer Mondsgöttin — gebracht werden. Nach Pausan. (IV, 31, §. 6) sind es Amazonen, welche das Götterbild zu Ephesus stiften, und nach Callimachus (Hymn. in Dian. 237 ff.) werden von ihnen kriegerische Tänze, Waffentänze um das Bild dieser Göttin, deren Priester, die Megabyzen, Castraten waren, Strabo XIV, p. 950 A. (T. V. p. 539 Tzsch.), aufgeführt. Nicht minder auffallend ist es in der bei Diodor zur Geschichte gestalteten Nachricht von den Kriegszügen der Amazonen, wie sie der heiligen Mondsstadt Μήνη schonen (Diod. III, 53), und es wird allerdings dann auch an die Kämpfe gedacht werden können, mit welchen die Verbreitung jenes Mondsdienstes verknüpft war. Insbesondere aber tritt dies noch in dem Mythus von Hercules hervor, der als Sonnensymbol wie als Ideal griechischer Männlichkeit und Heldenkraft auch mit den Amazonen in Verbindung gebracht wird, da unter den ihm von Eurystheus auferlegten Arbeiten als die neunte die Auflage genannt wird, der Amazonenkönigin Hippolyte (nach Andern Antiope) das Wehrgehänge, womit Mars sie beschenkt, das Zeichen ihrer königlichen Würde, abzunehmen (Apollod. II, 5, 9 mit Heyne's Noten; Diod. IV, 16. Hyg. F. 30, Quintus Calab. XI, 244). Das Gelingen des Unternehmens, das die griechische Sage mit allem Reichthum der Phantasie bis in alle Einzelheiten verfolgt und dargestellt hat, in das sie zugleich einen Theseus und andere griechische Heroen verflochten hat, um dann wieder neue Anknüpfungspunkte für die Sage der Amazonen zu gewinnen, kann uns nicht bloss den Kampf des Sonnencultus und Sonnendienstes mit dem Mondcultus, der durch die Amazonen gewissermassen personificirt ist, darstellen, sondern insbesondere das Uebergewicht uns zeigen, welches in einer wohl schon späteren Zeit der Sonnendienst in Griechenland über den Mondcultus erhielt, und die höhere Stelle, die der Cultus der Sonne von nun an vor dem Mondcultus einnahm. Daher denn auch der spätere Zug der Amazonen nach Attica gegen den dort herrschenden Theseus (s. Apollod. a. a. O. Paus. I, 2. Plut. Thes. 31. 33) nur vergeblich ausfallen konnte. Bedenken wir dies Alles, so wird es uns dann noch weniger auffallen, wenn die Amazonen auch mit den andern grossartigen Unternehmungen und den Kämpfen des heroischen Zeitalters durch Sage und Poesie, die sich nun der Amazonen gewissermassen bemächtigt, um in ihnen weibliche Grösse und aufopfernden Heldenmuth im Kampfe darzustellen, in eine Verbindung gebracht werden, so dass wir sie schon bei dem Argonautenzuge (Apollon. Rhod. II fin.), wie bei den troischen Geschichten antreffen, wo sie in Priamus Jugendzeit in Phrygien einfallen, mit Laomedon Krieg führen und von Bellerophon besiegt werden, während später Penthesilea, die Königin der Amazonen, dem Priamus gegen die Griechen zu Hülfe eilt u. s. w. (Il. II, 159 ff. VI, 186 ff. Philostrat. a. a. O.). Und selbst noch Alexander der Grosse, dieser würdige Nachkomme und Nachfolger des Hercules, muss zuletzt noch mit den Amazonen in Verbindung gebracht werden, indem Thalestris, die Königin der Amazonen, zu ihm eilt, um durch ihn Mutter zu werden (Plut. Alex. 46. Vgl. Pompej. 35). In diesem mehr heroischen Sinne, mehr oder minder abgesehen von der ursprünglichen, symbolisch-religiösen Idee, die der Amazonen-Sage zu Grunde liegt, hat auch die griechische

Kunst diesen Mythus aufgefasst und in einer Reihe der herrlichsten Darstellungen, insbesondere auf Vasen, Bronzen, in Wandgemälden und Basreliefs uns überliefert, meist Kämpfe verschiedener Art vorstellend, aus dem oben bemerkten heroischen Cyclus, in welchen die Amazonen bewaffnet, und ausgezeichnet insbesondere durch den kleinen mondförmigen Schild und den kriegerischen Gurt, bald in einem mehr asiatischen Costüme (wie insbesondere auf den Vasengemälden) erscheinen, bald in der einfachen dorischen Tracht oder auch selbst in einem aus beidem gemischten Anzuge; wie denn überhaupt die ausgezeichnetsten Künstler Griechenlands sich in Darstellungen aus diesem Mythus in der bemerkten Weise versucht haben. Das Nähere darüber s. bei Müller Handbuch der Archäolog. §. 417; vgl. mit § 365. Inghiram. Monument. Etrusc. T. III (Ser. III) p. 230 ff. T. V. p. 401 ff. Archäol. Intell.-Bl. 1837. S. 577 ff. Ueber den Mythus der Amazonen im Allgemeinen s. Creuzer, Symbolik II, S. 171 ff. Ersch und Gruber Encyclopädie III. Bd, S. 317 ff.“

Betrachten wir die Hauptsätze dieses Artikels etwas näher. Da heisst es im Anfang, dass sich aus „religiösen Beziehungen“ zuerst „Sagen und Mythen“ bilden, die in der Folge zur „Historie“ werden und darum selbst eine „geographische Begründung“ erhalten. Die Genealogie ist also:

religiöse Beziehung

|

Sagen und Mythen

|

Historie und Geographie,

also das, was eine unbefangene Betrachtung der Geschichte und des Völkerlebens lehrt, gerade auf den Kopf gestellt. Denn die gesunde Vernunft und der nüchterne Verstand lehrt, dass das wirkliche Ereigniss in Zeit und Ort zuerst da ist, dass mit der grösseren räumlichen und zeitlichen Entfernung die Begriffe des Ortes und der Zeit sich verwischen und von dem Ereignisse ablösen; dass in diesem Stadium die Volkssage in ihr Recht eintritt, indem sie das nur noch in der Luft schwebende historische Ereigniss mit Zusätzen allerlei Art ausschmückt, und dass endlich Poesie, Philosophie und Religion sich des so ausgeschmückten Gegenstandes bedienen, um ihn nach ihren Bedürfnissen zuzurichten. Das ist der natürliche Gang, das Gegentheil wäre eine Abnormität. In der Geschichte des jüdischen Volkes spielt Jerusalem eine grosse Rolle; die erste Eroberung der Stadt durch David, die Ausschmückung derselben durch Salomon, die Eroberung und Zerstörung durch Nebucadnezar, der Wiederaufbau durch Zerubabel und Ezra, die Stiftung der grossen Weltreligion und die abermalige Zerstörung durch Titus: das sind die historischen Grundlagen; je mehr sich aber die jüdische Nation der Zeit und dem Orte nach von dort entfernte, desto mehr wurden diese Ereignisse ausgeschmückt, und in der christlichen Symbolik ist Jerusalem geradezu der Ausdruck für das Jenseits, für das Leben nach dem Tode geworden; ähnlich verhält es sich mit dem Ausdruck „Abrahams Schooss“. Was würde man aber von einem Gelehrten sagen, welcher die Sache umgekehrt nehmen wollte, indem er als Erstes die religiöse Idee von dem Leben nach dem Tode unter

Juden und Christen aufstellte, aus welcher sich „Sagen und Mythen“ gebildet hätten, und die endlich einen gewissen „Abraham“ und eine angebliche Stadt „Jerusalem“ in die Geschichte und Geographie gleichsam hineingeschmuggelt hätten, während es in der That nur symbolische Ausdrücke für eine religiöse Idee seien? Oder um ein anderes Beispiel zu nehmen: der Mond scheint am Himmel, mag er nun eine Gottheit sein, wie die Alten glaubten, oder eine glänzende Messingscheibe, wie unsere Kinder glauben, oder ein Weltkörper, der die Erde auf ihrem Laufe begleitet, wie die Astronomen lehren; nun kann man sehr leicht begreifen, dass ein poetisch begabtes Volk in der Kindheit der Cultur sich die liebliche Erscheinung des Mondes mit allerlei Sagen ausschmückt, die am Ende eine religiöse Gestalt annehmen; aber das Umgekehrte zu behaupten, das heisst zu behaupten, dass aus einer religiösen Idee ein Mythus entstand und zuletzt dem Himmel einen Mond andichtete: das wird doch keinem Vernünftigen einfallen. Ueberdies lehrt die Weltgeschichte auf jeder Seite, dass die religiöse Idee das letzte Product der Cultur ist, und dass eine geläuterte und reine religiöse Idee der Culminationspunkt der Cultur ist, den nur wenige begabte Nationen, und auch unter ihnen nur vergleichsweise wenige ausgezeichnete Individuen erreichen. Und was die Weltgeschichte lehrt, das lehrt auch die unbefangene Betrachtung des Völkerlebens. So lange eine menschliche Gesellschaft noch genöthigt ist, alle ihre geistigen und physischen Kräfte anzustrengen, um sich der elementarischen und thierischen Angriffe auf ihre Existenz zu erwehren und dem Erdboden mit tausend Mühen und Anstrengungen die Mittel zum Lebensunterhalt abzuringen, hat der menschliche Geist weder Musse noch Befähigung, dem Höheren sich zuzuwenden; das ist erst dann möglich, wenn ein gewisser Grad von Behaglichkeit in der Existenz erreicht ist. Freilich macht auch oft die Menschheit Rückschritte; wenn sie alle ihre geistigen und physischen Kräfte auf die Befriedigung ihrer thierischen Bedürfnisse oder sonst auf einen materiellen Zweck ausschliesslich beschränkt, tritt das geistige Leben in den Hintergrund und die religiöse Idee verdunkelt sich zuerst; Sparta versah seine Göttin des Liebreizes mit Schwert und Schild, Rom stellte in den Tagen seiner Weltherrschaft ein wüstes Gewirre von religiösen Absurditäten aller Art dar; als die Entdeckung America's den Golddurst rege machte, fand die katholische Kirche es ganz in Ordnung, dass ein Theil der Menschheit als Waare geraubt und verkauft wurde und noch jetzt geraubt und verkauft wird; die protestantische Kirche in Nordamerica hat ebenfalls nichts dagegen zu erinnern, abgesehen von allen andern Verirrungen der menschlichen Vernunft, welche sich in dem Schoosse dieser Kirche in America erzeugen.

Im westlichen Africa und am Thermodonfluss in Kleinasien, so wie am Tanais, hatten sich durch eine seltsame Verkettung von Umständen, wie sie bei den damaligen Zuständen des Völkerlebens durchaus nichts Unwahrscheinliches hatten, auf verhältnissmässig kurze Zeit ein von Frauenzimmern geleitetes Gemeinwesen gebildet, das aber nach dem natürlichen Lauf der Dinge, d. h. sobald die

2*

männliche Natur sich ihrer ursprünglichen Bestimmung wieder bewusst wurde, zerfallen musste. Die ungewöhnliche Erscheinung hatte, wie wir vorhin gesehen haben, einige Schriftsteller des Alterthums veranlasst sie in Zweifel zu ziehen oder ganz abzuleugnen; aber ihre Zweifel beruhten lediglich auf der Ungewöhnlichkeit der Sache und auf den fabelhaften Ausschmückungen. Was nun die Ungewöhnlichkeit der Sache selbst betrifft, so sind die Zweifel eines Strabo und Arrian (abgesehen von dem albernen Paläphatus) von ganz unerheblichem Gewicht gegenüber der Autorität eines Hippocrates, welcher den Ereignissen doch um einige Jahrhunderte näher stand, und dessen unbefangene und scharfe Beobachtungsgabe zum mindesten eben so hoch steht, als die eines Strabo und Arrian; Hippocrates war Arzt und Naturforscher, während Strabo sich seiner Verwandtschaft mit den Priesterinnen von Comana rühmt, und Arrian selbst ein Priester der Ceres war. Fabelhafte Ausschmückungen sind aber am allerwenigsten ein Grund, ein historisches Ereigniss wegzuleugnen; wie viel bliebe von der Weltgeschichte übrig, wenn man nach diesem Princip durchgängig verfahren wollte?

Aber in den Amazonen und ihrem Treiben und in ihren Zügen lediglich eine Symbolisirung des Mondcultus zu suchen, das war nur der modernen Umkehr der Wissenschaftlichkeit vorbehalten; so weit konnte sich der klare Menschenverstand des Hellenen nicht verirren. Und worauf beruht denn diese sonderbare Hypothese? Welche Anknüpfungspunkte haben die Forscher geleitet, um ein solches System auszugrübeln? Wir haben es gesehen; drei Anknüpfungspunkte bieten sich dar.

1) Der mondförmige Schild. Jedes Kind weiss, dass ein Schild allemal mondförmig ist, sobald er nicht viereckig ist; warum nun gerade der mondförmige Schild der Amazonen ein besonderes Symbol ist, während die mondförmigen Schilde aller andern Völker vor Erfindung des Schiesspulvers nicht eine ähnliche Bedeutung haben, ist schwer zu begreifen. Aber der Schild der Amazonen war klein, sagt man. Ja wohl war er klein, denn ein weiblicher Arm wird nie ein männlicher Arm, und überdies waren die Amazonen Cavalleristen, und die antike Reiterei konnte selbstverständlich von einem grossen Schilde keinen Gebrauch machen. Von Ali, dem Schwiegersohne Mohammed's, wird erzählt, er habe bei dem Sturm auf die Judenstadt Cheibar eins der Stadtthore ausgehoben und sich desselben als Schild bedient, aber er sass dabei nicht zu Pferde, sonst hätte er es wohl bleiben lassen müssen.

2) Die Amazonen von Westafrica verschonten die „heilige Mondstadt Μήνη". Allerdings erzählt Diodor, dass sie die Stadt Mene verschonten, weil sie ihnen heilig war, aber dass es eine Mondstadt war, davon sagt Diodor kein Wort; Mene kann allerdings in der Sprache der dortigen Einwohner Mond bedeutet haben, aber wir wissen es nicht; es ist eine rein aus der Luft gegriffene Auslegung.

3) Die Amazonen legten die Stadt Ephesus an und errichteten dort das Bildniss der Mondgöttin Artemis. Wenn die Thatsache ihre Richtigkeit hat, so folgt doch daraus weiter nichts, als dass die Amazonen der Diana

oder Artemis eine vorzügliche Verehrung erwiesen, und das mag wohl allenfalls seine Richtigkeit haben, denn der Mondcultus war weit über der ganzen Erde verbreitet; aber damit sind doch noch nicht alle Amazonen Priesterinnen der Mondgöttin oder wohl gar eine verkörperte religiöse Idee.

Die ganze Argumentation beruht also auf sehr schwachen Füssen, und wird albern, sobald wir sie auf andere geschichtliche Ereignisse anwenden. Da giebt es z. B. einen grossen Staat, der in seinem Wappen einen Halbmond führt; alle seine Fahnen haben den Halbmond, alle dem Cultus geweihten öffentlichen Gebäude haben auf ihrer Spitze einen Halbmond; man richtet dort die Zeitrechnung nach dem Mondlauf ein; das Gebiet dieses Staates umfasst eine grosse Anzahl Städte, wo der Mondcultus von jeher berühmt war, z. B. Ephesus, Zela, Comana, Hierapolis; die Schilde, deren sich ehemals die Soldaten dieses Landes bedienten, waren mondförmig, und die Mündungen ihrer Kanonen sind noch jetzt mondförmig; der Stifter des Staates hatte einen Bruder Namens Aidogdu („der Mond ist aufgegangen"): — ein späterer Symboliker wäre also völlig berechtigt, die Geschichte des türkischen Reiches für eine Sage zu erklären, die aus einer religiösen Idee entsprang, und die Türken waren nichts anders als Priester der Mondgöttin, deren Treiben allmählich zur Historie geworden ist und darum selbst eine geographische Begründung erhalten hat.

Wenn die Hypothese von der symbolischen Bedeutung der Amazonensage nicht ganz aus der Luft gegriffen ist, so begreift man ferner nicht, warum der ursprünglich religiöse Begriff, der sich zur Sage und Mythe gestaltete, sich schliesslich an der Westküste der Wüste Sahara oder an dem Mündungslande des Thermodon und am Tanais verkörperte, da wir nirgends finden, dass gerade in diesen Gegenden der Mondcultus im Schwange war. Warum nicht in den Mondgebirgen des Ptolemäus oder in der Krim oder in Syrien? Man sieht es der ganzen Hypothese an, dass sie ihre Anknüpfungspunkte bei den Haaren herbeigezogen hat.

Lassen wir also diese Träumereien bei Seite; als witzige Spielereien des Geistes stehen sie auf gleicher Stufe mit den chemischen und physicalischen Taschenspielerkünsten; sie können zuweilen als harmlose Abwechslung zur Unterhaltung beitragen, aber in der ernsten Wissenschaft dürfen sie keinen Platz finden. Es ist nur zu beklagen, dass der Laie, welcher nicht Zeit zu mühseligen Untersuchungen in den Originalquellen hat und doch sich über einen Gegenstand unterrichten möchte, in einem solchen Sammelwerke, wie die vorhin citirte Real-Encyclopädie von Pauly, statt der gesuchten Belehrung einen Wust von Vermuthungen findet, wobei es ihm im Kopfe wie ein Mühlrad herumwirbelt.

Noch muss ich einer Hypothese erwähnen, die sich bei einem Autor findet, wo man sie eigentlich nicht erwartet hätte, bei Procopius. Als Geschichtschreiber seiner Zeit nimmt er eine bedeutende Stelle ein, obgleich er wegen seiner Moralität nicht auf einer sehr hohen Stufe steht. Aber jedenfalls war er ein denkender Mann, und die

Materialien zu seinen Werken grübelte er nicht in seiner Studirstube zusammen, sondern mitten in dem Getriebe des praktischen Staats- und Kriegslebens; man darf an seine Werke nicht den Massstab einer höhern Ethik anlegen, aber sie stehen doch weit über den bei dem Scheine einer Oellampe ausgebrüteten Träumereien. Procopius schreibt im dritten Capitel des vierten Buches vom gothischen Kriege: „Die Amazonen sollen aus dem Caucasus gekommen sein und bei Themiscyra und dem Thermodon ihr Lager aufgeschlagen haben, da wo jetzt die Stadt Amisus ist. Jetzt ist in den Ländern des Caucasus von den Amazonen keine Erinnerung geblieben, und selbst der Name ist verschwunden, obgleich Strabo und andere Vieles über sie berichten. Mir aber scheinen in Betreff der Amazonen diejenigen der Wahrheit am nächsten zu kommen, welche behaupten, dass es niemals ein männliches Geschlecht von Weibern gegeben habe, und dass die menschliche Natur im Caucasus ihre Gesetze nicht verändert habe, sondern dass barbarische Völker aus jenen Gegenden mit grosser Heeresmacht und mit ihren Weibern nach Asien zogen, ihr Lager am Thermodon aufschlugen und dort ihre Weiber zurückliessen, während sie selbst viele Länder von Asien durchzogen, aber von den Eingebornen gänzlich vertilgt wurden, so dass keiner von ihnen in das Lager der Weiber zurückkehrte. Die Weiber aber hätten aus Furcht vor den Nachbarn und wegen Mangels an Nahrungsmitteln wider ihren Willen sich ermannt und die von ihren Männern im Lager zurückgelassenen Waffen ergriffen, sich damit bewaffnet, und von der Noth getrieben, mit mannhaftem Muthe grosse Thaten verrichtet, bis sie alle umgekommen waren. Dass die Dinge sich so ereignet und dass die Amazonen ihre Männer im Kriege begleitet haben, schliesse ich aus dem, was sich zu meiner Zeit ereignete. Denn die natürliche Anlage der Vorfahren pflanzt sich in den Nachkommen fort. Als die Hunnen öftere Einfälle in das römische Reich unternahmen, ereignete es sich, dass in den Schlachten einige von ihnen getödtet wurden, und nach dem Rückzuge der Barbaren fanden die Römer bei der Untersuchung der Getödteten weibliche Leichname. Uebrigens hat man sonst weder in Asien oder Europa ein Heer von Weibern gesehen, und man hat niemals gehört, dass der Caucasus der Männer beraubt war."

Es waren also doch Weiber und keine Männer mit langen Röcken und Weiberhauben und rasirten Bärten, wie der alberne Paläphatus meint. Wir werden im Verlauf unserer Geschichte sehen, dass sich gegen die Ansicht des Procopius nichts Erhebliches einwenden lässt, um so weniger, da sie gerade von den alten Historikern so ziemlich in allen Punkten bestätigt wird. Denn so oft wir bei einem derselben etwas von dem Ursprunge eines Amazonen-Gemeinwesens finden, heisst es allemal, dass sie durch die Noth zu dieser Lebensweise getrieben wurden, und wenn man den natürlichen Verlauf solcher Ereignisse unbefangen betrachtet, so begreift man nicht, was eigentlich Wunderbares daran ist, und noch viel weniger, wie man zu solchen Grillen von dem Symbol eines Mondcultus gelangen konnte.

Haben wir nun durch das Obengesagte unsere Bahn

frei von allen Auswüchsen der Schulpedanterei gemacht und bestimmt ausgesprochen, was die Amazonen nicht waren, so können wir jetzt uns an die vorurtheilsfreie Prüfung der Originalquellen begeben und sie Schritt für Schritt verfolgen, indem wir das Fabelhafte und rein Poetische ausscheiden und die historischen Grundlagen aufsuchen, ohne die Dichter zu vernachlässigen, welche in ihren Poesien recht oft einen unerwarteten historischen Anhaltspunkt gewähren.

Erstes Capitel.

Die africanischen Amazonen.

§ 1. „Es dürfte jetzt geeignet sein, von den ehemaligen Amazonen in Libyen zu berichten. Viele glauben „nämlich, dass es keine andern Amazonen gegeben habe, „als diejenigen, welche im Pontus am Thermodon wohnten; „in Wahrheit ist dem aber nicht so, denn die Amazonen „in Libyen sind viel älter und haben denkwürdige Thaten „vollbracht. Wir wissen aber recht gut, dass ihre Geschichte vielen Lesern ganz unerhört und fremdartig erscheinen wird. Denn da das Geschlecht dieser Amazonen „viele Generationen vor dem trojanischen Kriege ganz „untergegangen ist, während die Amazonen am Thermodon „kurz vor diesem Kriege blühten, so haben vermuthlich „die letzteren, als später geborene und mehr bekannte, „den Ruhm der älteren und fast ganz unbekannten Ama-

„zonen geerbt. Da wir aber viele alte Dichter und Schrift„steller und nicht wenige von den neueren finden, welche „ihrer gedenken, so wollen wir versuchen, ihre Thaten zu „beschreiben, wobei wir Dionysius in seiner Geschichte der „Argonauten, des Dionysus und vieler Anderer Thaten in „den ältesten Zeiten folgen.“ (Diod. Sicul. Lib. III, cap. 52.)

Dionysius aus Mytilene, den Diodor als die Quelle seiner Nachrichten über die Amazonen angiebt, hat, laut Cap. 66, auch speciell über die Amazonen geschrieben. Die Einleitung Diodor's zeigt, dass die africanischen Amazonen der grauesten Vorzeit angehören, und so dürfen wir von vornherein uns auf viele Ausschmückungen gefasst machen.

§. 2. „Es hat nun in Libyen mehrere Geschlechter von „Weibern gegeben, deren kriegerische Mannhaftigkeit Be„wunderung erregt hat. So haben wir von dem Volk der „Gorgonen gehört, gegen welche Perseus einen Zug unter„nahm, und welches sich durch Stärke auszeichnete. Denn „dass der Sohn des Zeus, der edelste der Griechen nach „ihrem eigenen Zeugniss, auf dem Zuge gegen diese Wei„ber einen schweren Kampf bestanden hat, dürfte als ein „Beweis von der ausnehmenden Macht der vorbesagten „Weiber gelten; die Mannhaftigkeit derjenigen aber, von „denen wir jetzt berichten wollen, übertrifft alles, was wir „nach unsern jetzigen Begriffen von der weiblichen Natur „urtheilen.“ (id. ibid.)

Die Gorgonen gehören zu den africanischen Amazonen, aber ihre Geschichte ist ein vollständiger Mythus geworden; die neuere Symbolik hat jedoch die gorgonischen Amazonen nicht für Priesterinnen der Mondgöttin erklärt, sondern für ein Symbol des Mondes selbst; andere sehen in ihnen ein Symbol der Wüste Sahara, noch andere ein Symbol des stürmischen Meeres, kurz die Ausleger, welche den historischen Boden unter ihren Füssen wegstossen, haschen nach allen möglichen Luftgebilden ihrer Phantasie, aber es verlohnt sich nicht der Mühe, bei diesen Grillen zu verweilen. Wir werden später schon auf glaubwürdigere Nachrichten von den Gorgonen kommen.

§. 3. „Man sagt, es habe im westlichen Theile von „Libyen, jenseit der bewohnten Gegenden, ein von Wei„bern beherrschtes Volk gegeben, dessen Lebensweise von „der unsrigen gänzlich abwich. Denn die Weiber pflegten „die kriegerischen Geschäfte zu verrichten und eine ge„wisse Zeit auf Feldzügen zuzubringen, so lange sie un„vermählt waren; wenn aber die Jahre des Kriegsdienstes „verflossen waren, begaben sie sich zu den Männern, um „Kinder zu erzeugen; die Weiber aber hatten die Herr„schaft und die Verwaltung des Gemeinwesens. Die Män„ner führten ein häusliches Leben, wie bei uns die Ehe„frauen, indem sie den Befehlen ihrer Gattinnen gehorchten; „sie nahmen aber keinen Antheil an den Feldzügen oder „an der Herrschaft, noch an irgend einer Verwaltung des „Gemeinwesens, wodurch sie etwa ein Uebergewicht über „die Weiber hätten erhalten können. In Betreff der Kin„dererziehung wurden die Säuglinge den Männern über„geben, die sie mit Milch und allerlei gekochten Speisen „füttern, wie sie dem zarten Alter angemessen sind; wenn „aber ein Mädchen geboren wird, so werden ihm die

„Brüste ausgebrannt, damit sie sich in der Zeit des Wachs„thums nicht ausdehnen. Denn es scheint ihnen ein Hinder„niss in dem Kampfe zu sein, wenn die Brüste aus dem Körper „hervorragen; weil sie nun derselben beraubt sind, wurden „sie von den Griechen Amazonen genannt.“ (id. cap. 53.)

Diese Stelle findet ihre Erklärung in den neueren Reisebeschreibungen und Berichten von der Westküste Africa's; die dortigen Neger sind bis auf den heutigen Tag ein faules Gesindel, welche kein grösseres Glück kennen, als den ganzen Tag in der Hütte herum zu liegen und zu essen und zu trinken, während sie ihre Weiber als Sklavinnen behandeln, welche alle Arbeiten auf dem Felde u. s. w. verrichten müssen. Dass diese Neger früher anders waren als jetzt, ist nicht wahrscheinlich; dagegen lässt sich recht gut denken, dass zu irgend einer Zeit eine Anzahl Weiber, welche durch ihre Lebensart eine gewisse Handfestigkeit erwarben, diese grössere Stärke und ihre an Thätigkeit gewöhnten Kräfte benutzten, um ihre Männer in einer Art weibischer Unterwürfigkeit zu halten und auf diese Weise die von ihren Männern eingeführte Umkehrung der Naturordnung zu vollenden. Es ist ferner hinlänglich bekannt, dass mehrere Negerfürsten, z. B. die von Aschanti und Dahome bis auf den heutigen Tag eine weibliche Leibgarde haben. Indem also die heut zu Tage vorhandene Wirklichkeit die Erzählung Diodor's fast in allen Theilen bestätigt, brauchen wir sie weder zu bezweifeln noch dahinter eine religiöse Idee zu suchen; es ist nichts weiter als der heutige Zustand, den einmal eine Anzahl energischer Frauenzimmer ausbeutete, um sich an ihren Männern zu rächen.

Was das Ausbrennen der Brüste betrifft, so haben wir dafür das Zeugniss des Hippocrates, welches seiner Zeit an der gehörigen Stelle beigebracht werden wird; Hippocrates beschreibt die Operation ausführlich, und als denkender Arzt und scharf beobachtender Naturforscher dürfte er sich schwerlich geirrt haben, und noch viel weniger kann man annehmen, dass er eine Unwahrheit berichtet habe. Ob aber alle Amazonen, also auch die africanischen, mit denen wir uns hier beschäftigen, diese Operation an ihren Töchtern vornahmen, dürfte mit Recht zu bezweifeln sein. In diesem Punkte scheint Diodor und seine Quelle Dionysius, der Einheit zu Liebe, zu weit gegangen zu sein; es ist eher wahrscheinlich, dass die späteren Geschichtschreiber Umstände, die vielleicht bloss von den pontischen oder donischen Amazonen gelten, aus Unkunde allen gemeinschaftlich angedichtet haben.

Sicher ist wohl, dass der Name griechischen Ursprungs ist, denn es lässt sich schwerlich denken, dass die africanischen Amazonen unter sich in ihrer Sprache denselben Namen führten wie die scythischen Amazonen; er bedeutet bekanntlich die Brustlosen, und man hat ihn als Gegensatz zu den entmannten Megabyzen und Gallen genommen, um wenigstens auf diese Weise eine Beziehung zu dem Monddienst zu finden; inzwischen hat man richtig das Wort *maza* aufgetrieben, welches in der tscherkessischen Sprache „Mond" bedeuten soll; aber die Tscherkessen gehören zu denjenigen Nationen, gegen welche die classische Philologie eine instinctmässige Abneigung hat; ich will also denen, welche auch hierin eine Beziehung auf den Mond und dessen Cultus suchen, unter die Arme greifen; und ihnen ein paar Wörter aus mehr classischen Sprachen anführen; im Armenischen heisst *amis* und im Sanskrit *masa* der Monat (denn *Mond* und *Monat* sind doch wohl so ziemlich in allen Sprachen verwandt), und Armenien lag dem Amazonenlande doch etwas näher, als Tscherkessien; auch passt *amis* besser zu Amisus, Amasia u. s. w.

§. 4. „Man sagt ferner, dass sie eine Insel bewohnt „haben, welche wegen ihrer westlichen Lage Hespera ge- „nannt wurde und in dem tritonischen See liegt. Dieser „soll nahe bei dem grossen Ocean sein und von einem „Flusse, der sich in denselben ergiesst, Triton heissen. „Dieser See liegt nahe bei Aethiopien und bei dem grössten „Gebirge jener Gegend, welches in den Ocean hineinragt „und von den Griechen Atlas genannt wird. Die vorbe- „sagte Insel soll ziemlich gross und reich an mannigfal- „tigen Baumfrüchten sein, von denen die Eingebornen „ihre Nahrung nehmen; auch haben sie eine Menge Ziegen „und Schafe, welche ihren Besitzern Milch und Fleisch „geben; des Getraides aber bedient sich das Volk gar „nicht, weil sie das Bedürfniss noch gar nicht empfunden „hätten.“ (id. ibid.)

Die alten Geographen kennen einen tritonischen See in Nordafrica, nicht weit von Tunis, aber die vergleichende Geographie scheint die Identification desselben noch nicht mit Sicherheit festgestellt zu haben. Jedenfalls ist der tritonische See des Diodor und der in den See einmündende Tritonfluss von diesem nordafricanischen Tritonsee verschieden; aber es dürfte vergebliche Mühe sein, ihn aufzusuchen, denn nach Diodor wurde er später durch ein Erdbeben zerstört, oder, was wohl wahrscheinlicher ist, er hat niemals existirt und beruht lediglich auf einer Verwechslung. Da nun aber die Leute doch irgendwo gewohnt haben müssen, so sind wir genöthigt, aus den übrigen Angaben Diodor's die Insel der Amazonen, welche er Hespera nennt, aufzusuchen. Dies soll sofort geschehen.

§. 5. „Die Amazonen nun, welche sich durch Stärke „auszeichneten und in den Krieg zogen, hätten zuerst die „Städte auf der Insel unterjocht, mit Ausnahme der Stadt „Mene, die bei ihnen als heilig gelte, und von den fisch-„essenden Aethiopen bewohnt sei und grosse Feueraus-„würfe und eine Menge Edelsteine habe, die von den „Griechen Karfunkel, Sarder und Smaragde genannt „werden.“ (id. ibid.)

Da die von Diodor gegebene Beschreibung der Localität schon zu seiner Zeit nicht mit der Wirklichkeit übereinstimmte, so musste er zu einem Erdbeben greifen, um das Nichtvorhandensein zu erklären; indessen bedarf es einer so gewaltsamen Katastrophe nicht, die Sache erklärt sich einfacher durch eine Verwechslung mit dem tritonischen See in Cyrenaica. Da nun also ein solcher See mit einer solchen Insel an der Westküste des africanischen Continents nicht existirt und wahrscheinlich niemals existirt hat, während die Amazonen doch irgendwo gewohnt haben müssen, so ergiebt es sich von selbst, dass

3

wir untersuchen, welche von den Inseln im atlantischen Ocean westlich von Africa der gegebenen Beschreibung am besten entspricht. Der vorstehende §. 5 zeigt uns, dass die Insel einen Vulcan habe. Nun kennen wir zwei solcher Inseln, Teneriffa und Fogo; letztere aber ist nur klein und auch wohl allzu südlich gelegen, während Teneriffa mit seinem gewaltigen Pik wegen der grösseren Nähe mehr Wahrscheinlichkeit für sich hat. Aus allen ältern und neueren Reisebeschreibungen ist der Reichthum dieser Insel an Baumfrüchten und Ziegenheerden bekannt, und dieses stimmt ebenfalls mit Diodor's Bericht überein; ferner wissen wir aus den ältern Reisebeschreibungen, dass zur Zeit der ersten Entdeckung durch die Europäer Teneriffa kein anderes Getreide als Gerste hatte, und auch diese ist schwerlich auf der Insel einheimisch. Da die heilige Stadt Mene am Fusse des Vulcans lag und von fischessenden Aethiopen bewohnt war, so dürfen wir diese nur in der Stadt Orotava und deren Hafen suchen, während die Heimat der Amazonen in dem nordöstlichen Theile der Insel bei der Stadt Laguna war, wo noch jetzt ein See ist; wir hätten also statt der Insel in einem See den See auf einer Insel gefunden. Was nun die Edelsteine betrifft, so habe ich nirgends etwas darüber aufgefunden; es ist möglich, dass dies eine Ausschmückung war, vielleicht waren es vulcanische Producte. Die Insel Teneriffa war übrigens fast jederzeit bekannt; Sertorius hat sie besucht; Sebosus kennt sie unter dem Namen Convallis; Juba nennt sie Nivaria wegen ihres beständigen Schnees, Ptolemäus Ninguaria oder Centuria; den Arabern war sie ebenfalls bekannt; es ist wahrscheinlich dieselbe Insel, welche Edrisi unter dem Namen Chasaran und Ibn ül Vardi unter dem Namen Hasarat beschreibt.

§. 6. „Darauf hätten sie die benachbarten Länder der „Libyer und Numidier bekriegt, und in dem tritonischen „See eine grosse Stadt angelegt, welche sie nach ihrer „Gestalt Chersonesus genannt hätten.“ (id. ibid.)

Chersonesus ist, wie wir so eben gesehen haben, die heutige Stadt Laguna. Was die Unternehmungen der Amazonen gegen die Libyer und Numidier betrifft, so sind dieselben wohl in das Reich der Fabeln zu verweisen.

§. 7. „Von dort aus machten sie grosse Unternehmun„gen, indem sie einen grossen Theil der bewohnten Erde „durchzogen. Zuerst bekriegten sie die Atlantier, die „harmlosesten Männer jener Gegenden, welche ein reiches „Land mit vielen Städten bewohnen; bei ihnen soll, der „Sage nach, die Geburt der Götter stattgefunden haben, „und zwar in den am Ocean gelegenen Orten, in Ueber„einstimmung mit den griechischen Mythologen. Die Kö„nigin der Amazonen, Myrina, soll ein Heer von dreitau„send zu Fuss und zwanzigtausend zu Pferde errichtet „haben, indem sie bei ihren Kriegen mehr Gebrauch von „der Reiterei machen können. Als Wehr bedienen sie sich „der Häute grosser Schlangen, welche in Libyen von un„glaublicher Grösse sind; als Waffen aber Schwerter, „Spiesse und Bogen, letzterer nicht nur auf den gegen„über stehenden Feind, sondern auch auf der Flucht „rückwärts gewandt auf die Verfolger zu schiessen. Als „sie nun in das Land der Atlantier einfielen, besiegten sie

„die Bewohner der Stadt Cerne in der Schlacht, drangen „mit den Fliehenden in die Stadtmauern ein, und bemäch-„tigten sich der Stadt. Da sie die Bewohner der Um-„gegend durch Furcht schrecken wollten, behandelten sie „die Gefangenen sehr hart, indem sie die erwachsenen „Männer tödteten, die Kinder und Weiber zu Sklaven „machten und die Stadt zerstörten. Auf die Kunde von „dem Schicksale der Cernäer geriethen die Atlantier in „Schrecken, übergaben freiwillig ihre Städte und ver-„sprachen allen Befehlen Folge zu leisten. Die Königin „Myrina behandelte sie milde, schloss mit ihnen Freund-„schaft, und liess die zerstörte Stadt wieder neu aufbauen „und nach ihrem Namen Myrina benennen und mit den „Gefangenen bevölkern, so wie mit denjenigen Eingebor-„nen, welche dahin übersiedeln wollten. Die Atlantier „überbrachten ihr darauf reiche Geschenke und decretir-„ten ihr ausgezeichnete Ehrenbezeugungen; die Königin „nahm die angetragene Freundschaft an, und verkün-„digte, dass sie dem Volke Wohlthaten erzeigen werde.“ (id. cap. 54.)

Dieser Zug gegen die Atlantier bietet dem Erklärer einige Schwierigkeiten dar, wie es denn von vorn herein zu erwarten ist, dass Ereignisse aus einer so uralten Zeit sich nicht so ganz glatt erklären lassen. Strabo, der entschiedene Feind der Amazonen, leugnet die Existenz der Stadt Cerne, und da er auch die Existenz der Amazonen leugnet, so ist damit die Sache kurz abgefertigt. Aber wir können nicht so entschieden vorgehen, denn mit dem blossen Ableugnen ist die Sache nicht erledigt. Eratosthenes behauptet die Existenz von Cerne, was Strabo ihm zum Vorwurf macht; aber Eratosthenes hatte den Periplus von Hanno für sich, wie wir sogleich sehen werden. Die Schwierigkeit besteht aber nicht darin, sondern in dem Umstande, dass Diodor den Amazonen eine so zahlreiche Cavallerie zuschreibt, ohne zu berichten, wie sie diese Cavallerie von ihrer Insel nach dem Continente transportirten; denn 20,000 Reiterinnen brauchen 20,000 Pferde; es waren also im Ganzen 23,000 Amazonen und 20,000 Pferde zu transportiren, und dazu gehört schon eine ganz respectable Flotte. Die Schwierigkeit wird dadurch nicht gehoben, dass wir unsere Hypothese von der Insel Teneriffa aufgeben und uns an den ursprünglichen Text des Diodor halten, denn Diodor spricht ebenfalls von einer Insel, ferner lag auch Cerne auf einer Insel, wie wir sogleich sehen werden.

Um nun hier einigermassen der Wahrscheinlichkeit nahe zu kommen, müssen wir, wie sich dies nicht nur von selbst versteht, sondern auch aus den klaren Worten von Diodor ergiebt (§. 6), annehmen, dass sie zunächst die zwischen Teneriffa und dem Festlande liegenden Inseln (Lancerota, Gomera u. s. w.) eroberten, und darauf in Fahrzeugen nach dem Festlande übersetzten, aber ohne Cavallerie und wahrscheinlich auch nicht 23,000, sondern viel weniger; dass sie darauf allmählich weiter nach Süden drangen, bis sie an den Rio d'Ouro kamen, von wo sie mittels kleinerer Fahrzeuge nach der Insel Cerne übersetzten.

Die Atlantier haben ihren Namen ohne Zweifel vom

Atlasgebirge und müssen nach dieser Erzählung südwärts vom Atlas an längs der Westküste von Africa gewohnt haben. Jetzt ist dies lauter Wüste, aber es ist möglich, dass es damals nicht so war, denn die Wüste schreitet bekanntlich überall da vor, wo der Mensch ihr nicht entgegentritt.

Ehe wir in der Erzählung Diodor's fortfahren, schieben wir hier einige Notizen über Cerne ein.

§. 8. „Wir fanden im Innersten eines Golfes eine „kleine Insel, fünf Stadien im Umfang, die wir colonisirten „und Cerne nannten. Wir schlossen aus der Fahrt, dass „sie Carthago gegenüber liegt, denn die Fahrt von Car„thago nach den Säulen ist eben so lang, wie von dort „nach Cerne.“ (Hannonis Periplus p. 7, ed. C. Müller.)

„Polybius berichtet, im äussersten Mauritanien, dem „Atlasgebirge zugekehrt, sei Cerne, acht Stadien vom „Lande entfernt; Nepos Cornelius sagt, es liege Carthago „gegenüber, tausend Schritte vom Festlande, und halte „nicht mehr als zweitausend Schritte im Umfange.“ (Plin. Hist. Nat. VI, 36.)

„Sie liess den Tithonos in den Lagern nahe bei Cerne.“ (Lycophr. Cass. 16.)

„Cerne ist eine Insel im Ocean.“ (Tzetzes ad Lycophr. l. c.)

„Er stand lächelnd der Aurora gegenüber, indem er „die behenden Flügel um Cerne herum bewegte.“ (Nonnus Dionys. XXIII, 190.)

„In den Buchten des Festlandes wohnen die aller„letzten Aethiopen, unmittelbar am Ocean, bei den Auen „des reizenden Cerne.“ (Dionys. Perieg. 219.)

„Die Fahrt von den Säulen des Hercules nach dem „Vorgebirge Hermäum dauert zwei Tage; von dem Vor„gebirge Hermäum nach dem Vorgebirge Solois drei Tage; „von Solois nach Cerne sieben Tage. Diese ganze Fahrt „von den Säulen des Hercules bis zur Insel Cerne ist „also zwölf Tage. Jenseit der Insel Cerne aber ist die „Schifffahrt unmöglich wegen der Untiefen des Meeres, „wegen des Schlammes und wegen des Tanges. Dieser „Tang ist eine Spanne breit und oben spitz, so dass er „sticht. Die dortigen Kaufleute sind Phönicier; wenn sie „nach der Insel Cerne kommen, lassen sie ihre Schiffe „in dem Hafen ankern, errichten sich Zelte auf der Insel, „löschen die Ladung und bringen sie in kleinen Fahrzeugen „ans Land. Die Aethiopen aber sind am Lande, und mit „diesen wird der Handel eröffnet. Sie verkaufen Hirsch„felle, Löwen- und Pantherfelle, Elephantenhäute und El„fenbein und Felle von Hausthieren. Als Schmuck be„dienen sich die Aethiopen bunter Felle, als Trinkgefässe „elfenbeinerner Becher; ihre Weiber schmücken sich mit „Armbändern aus Elfenbein; auch ihre Pferde schmücken „sie mit Elfenbein. Diese Aethiopen sind, wie wir wissen, „die grössten Menschen, über vier Pik gross; einige massen „sogar fünf Pik; auch haben sie Bärte und Haare und sind „die schönsten Menschen. Wer unter ihnen der grösste „ist, der herrscht über sie. Sie sind gewandte Reiter, „Speerwerfer und Bogenschützen; ihre Wurfspiesse sind „mit Feuer gespitzt. Die phönicischen Kaufleute führen „dort Salbe, ägyptische Steine, ..., attisches Topf„geschirre und Maasse ein; denn diese Geschirre sind am

„Chusifeste feil. Diese Aethiopen essen Fleisch, trinken „Milch, und bereiten vielen Wein aus den Weinpflanzun„gen, den die Phönicier von dort ausführen. Sie haben „eine grosse Stadt, nach welcher die phönicischen Kauf„leute schiffen.“ (Scylax Caryand. Peripl. 112.)

Aus den vorstehenden Auszügen ergiebt sich trotz der Autorität Strabo's die Existenz der Insel Cerne mit ihrer gleichnamigen Stadt, so wie sich ihre Lage aus den angegebenen Daten genau bestimmen lässt. Diese Daten führen auf den Golf, in welchen sich der Rio d'Ouro ergiesst, und in dessen innerstem Winkel eine kleine Insel liegt, welche bis auf den heutigen Tag Herne heisst. Wir finden diesen Namen auf den ältesten Seekarten, welche nach den Entdeckungen im 15. und 16. Jahrhundert aufgenommen wurden, und auf der neuesten mir bekannten Karte: „Côte occidentale d'Afrique. Partie comprise entre le Cap Bojador et le fleuve de Sierra Leone. Dépôt général de la marine 1852.“ Dass ein so kleiner und unbedeutender Punkt seinen Namen zum mindesten dreitausend Jahre lang unverändert bis auf den heutigen Tag bewahren konnte, ist abermals ein Beweis von der zähen und unverwüstlichen Lebenskraft der Namen in entfernten Gegenden.

§. 9. „Da die Eingebornen häufig von den benach„barten Gorgonen bekriegt und überhaupt von ihnen feind„lich behandelt wurden, baten sie die Myrina, dass sie „deren Land bekriege. Die Gorgonen setzten sich zur „Wehr, und es erfolgte eine grosse Schlacht; die Ama„zonen behielten die Oberhand, tödteten eine grosse Menge

„Feinde und machten nicht weniger als dreitausend Ge„fangene. Die übrigen flüchteten in eine waldige Gegend; „Myrina aber verfolgte sie und liess den Wald anzünden, „indem sie das Volk gänzlich auszurotten suchte; da sie „aber ihren Zweck nicht erreichen konnte, kehrte sie an „die Gränzen des Landes zurück. Durch das Glück waren „die Amazonen nachlässig in der Wachsamkeit geworden, „die gefangenen Frauen benutzten die Gelegenheit, nah„men den vermeintlichen Siegerinnen die Schwerter weg „und tödteten ihrer eine grosse Anzahl; zuletzt aber wur„den sie von der Menge von allen Seiten überwältigt und „nach einer tapfern Gegenwehr wurden sie alle nieder„gemacht. Myrina liess ihre erschlagenen Kampfgenossen „auf drei Scheiterhaufen verbrennen und in drei grossen „Haufen beisetzen, die noch bis jetzt Amazonenhügel „heissen.“ (Diod. Sic. III, cap. 54. 55.)

Vor allen Dingen haben wir jetzt die Gorgonen aufzusuchen, d. h. nicht die drei fabelhaften Schwestern, von denen die eine, Medusa, von Perseus überwunden, und deren Schlangenhaupt in den Schild der Pallas Athene gesetzt wurde, sondern die historischen Gorgonen, damit wir den Zug der Amazonen auf der Karte verfolgen können.

§. 10. „Es soll noch eine andere Insel dem Atlas„gebirge gegenüber liegen und Atlantis heissen. Von dort „kommt man nach fünftägiger Schifffahrt längs öden Küsten „zu den hesperischen Aethiopen und zu dem Vorgebirge, „welches das Horn des Hesperus heisst; von dort biegt „sich zuerst die Küste nach Westen und nach dem atlan„tischen Meere. Diesem Vorgebirge gegenüber werden die

„Gorgadischen Inseln erwähnt, ehemals die Wohnsitze der „Gorgonen, zwei Tagereisen vom Festlande entfernt, wie „Xenophon aus Lampsacus berichtet. Hanno, der Führer „der Punier, drang bis dahin vor, und erzählt von den „haarigen Körpern der Weiber, welche durch ihre Schnellig„keit Männer übertroffen hätten; zum Beleg seiner wunder„baren Erzählung liess er zwei Gorgonenhäute im Tempel „der Juno aufhängen, wo sie bis zur Einnahme von Car„thago zu sehen waren. Jenseit derselben sollen noch „die beiden Inseln der Hesperiden sein. Aber alles dies „ist so ungewiss, dass nach Statius Sebosus die Fahrt „von den Inseln der Gorgonen, den Atlas vorbei, bis zu „den Inseln der Hesperiden vierzig Tage dauerte und „von dort nach dem Horn des Hesperus einen Tag.“ (Plin. Hist. Nat. VI, 36.)

Diese Stelle erhält ihre Erläuterung durch folgenden Auszug aus dem Periplus des Hanno.

§. 11. „Von der Insel Cerne schifften wir nach Süden „zwölf Tage, längs der Küste, welche von Aethiopen be„wohnt ist, welche, ohne uns zu erwarten, die Flucht er„griffen; selbst die Eingebornen von Lixus, welche wir „bei uns hatten, verstanden ihre Sprache nicht. Am letzten „Tage landeten wir bei grossen Waldgebirgen. Das Holz „der Bäume war wohlriechend und von verschiedener Art. „Nachdem wir hier zwei Tage entlang geschifft hatten, „kamen wir zu einer unermesslichen Meeresbucht, auf „deren entgegengesetzter Seite am Lande eine Ebene ist, „wo wir des Nachts in Zwischenräumen Feuer von allen „Seiten aufleuchten sahen, bald mehr, bald weniger.

„Nachdem wir hier Wasser eingenommen hatten, schifften „wir fünf Tage lang weiter längs der Küste, bis wir in „einen grossen Golf kamen, welcher den Dolmetschern „zufolge das Horn des Hesperus heisst. In diesem war „eine grosse Insel mit einem meerförmigen See, in wel- „chem eine andere Insel war, wo wir landeten. Hier „sahen wir des Tags nichts als Wald, des Nachts aber „viele angezündete Feuer und hörten Flötenschall, Pauken, „Cymbeln und vielfaches Geschrei. Furcht ergriff uns „nun, und die Wahrsager befahlen uns, die Insel zu ver- „lassen. Wir fuhren also schnell bei einem feurigen Lande „voller Wohlgerüche vorbei, wo sich grosse Feuerströme „ins Meer ergossen. Das Land ist wegen der Hitze un- „zugänglich. Von Furcht getrieben schifften wir dort „schnell vorüber, und nach viertägiger Fahrt sahen wir „des Nachts das Land voller Flammen; in der Mitte aber „war ein hohes Feuer, grösser als die übrigen, so dass „es die Sterne zu berühren schien. Am Tage erschien „es als ein sehr grosser Berg, Theon Ochema (Götter- „wagen) benannt. Von dort fuhren wir drei Tage lang „bei Feuerströmen vorüber und kamen in einen Golf, „welcher das Horn des Südens genannt wurde. In dem „Innersten des Golfes war eine Insel, welche gleich der „vorhin erwähnten einen See mit einer andern kleinen „Insel hatte, voll von wilden Menschen. Es waren aber „noch viel mehr Weiber dort mit haarigem Körper; die „Dolmetscher nannten sie Gorillas. Wir verfolgten die „Männer, konnten sie aber nicht ergreifen, denn sie ent- „flohen, stiegen auf die Klippen und vertheidigten sich

„mit Steinen; wir fingen aber drei Weiber, welche die „Führer bissen und rissen und ihnen nicht folgen wollten. „Wir tödteten sie jedoch, zogen ihnen die Haut ab und „brachten diese nach Carthago. Denn weiter schifften wir „nicht, weil es uns an Speise fehlte." (Hannonis Peripl. p. 9 ff. ed. C. Müller.)

Dieses werthvolle Fragment beschreibt die Westküste von Africa bis über Sierra Leone hinaus mit einer Genauigkeit, welche Erstaunen erregt, denn wir können sie Punkt für Punkt verfolgen und wiedererkennen. Das Waldgebirge ist Cabo Verde; die nächstfolgende Meeresbucht wird durch die Mündung des Gambiaflusses gebildet. Die nächtlichen Feuer sind eine Erscheinung, welche von mehreren Reisenden beschrieben wird, und welche auch in andern Ländern nicht ungewöhnlich ist, z. B. hier in der Türkei sieht man recht häufig Waldbrände. Das „Horn des Hesperus" ist der Golf von Bissago, und die Insel Harang in diesem Golf entspricht aufs genaueste der Beschreibung Hanno's, indem sie in einem kleinen Busen, den das Meer bildet, eine andere Insel hat. Der Götterwagen (Theon Ochema) ist der Berg Sagrès; das Horn des Südens ist der Busen von Sherbro, und die erwähnte Insel in demselben ist die Insel Sherbro, welche von der kleinen Insel Macauley nur durch einen engen Canal getrennt ist, der sich in der Mitte erweitert und hier eine kleine Insel enthält.

Offenbar hatte Plinius diese Stelle vor sich, als er die prachtvolle Stelle Lib. V, cap. 1 niederschrieb, welche ich mir nicht versagen kann, hier wiederzugeben:

„Der Atlas erhebt sich mitten aus der Sandwüste zum „Himmel, rauh und starr nach dem Gestade des Meeres „zu, welches von ihm den Namen hat, dunkel, bewaldet „und quellenreich nach der Seite von Africa, mit Früchten „aller Art, welche hier wild wachsen, so dass der Lust „die Sättigung nie fehlt. Des Tages sieht man keine „Eingebornen, alles schweigt, gleichsam von der Einöde „erschreckt; stiller religiöser Schauer ergreift das Gemüth „dessen, der sich nähert, und Ehrfurcht vor der Höhe, „die sich über die Wolken bis in die Nähe der Mond-„sphäre erhebt. Des Nachts schimmert er von häufigen „Feuern, und ist angefüllt mit den Lustbarkeiten der Aegi-„panen und Satyrn, mit dem Schalle der Flöten und „Schalmeien, der Pauken und Cymbeln.“

Was Pomponius Mela und Solinus über diese Gegenden berichten, ist nur aus Hanno und Plinius abgeschrieben und daher unnütz hier zu wiederholen.

Wir entnehmen aber aus diesen Berichten, dass der Zug der Amazonen in südlicher Richtung fortging, wie sich dies schon aus dem Anfang ihrer Geschichte ergiebt, von Teneriffa nach Herne, und wir können sie also in den alten Autoren bis nach Sierra Leone verfolgen, wo sie mit den Gorgonen in Streit gerathen. Nach dem Hanno sind die Gorillas offenbar Affen, und Plinius veränderte das Wort Gorillas nur in Gorgones. Dass aber nicht nur die Amazonen und Atlantier, sondern auch Hanno und Plinius diese Affen für Menschen hielten, darf nicht auffallen, denn der Neger hält die Affen noch jetzt für Menschen, die aber gescheidter sind als andere, indem sie nicht sprechen, damit sie nicht von ihres Gleichen zu Sklaven gemacht werden. Vergleichen wir hiermit den Mythus von den drei Gorgonenschwestern, gegen welche Perseus auszog, so gerathen wir einigermassen in Verlegenheit; Hanno wusste offenbar nichts von diesem Mythus und setzte unbefangen seinen Bericht von den Affen auf; die Griechen und Römer aber, welche den Kopf voll von ihren Gorgonen hatten, veränderten die Gorillas in Gorgonen, und diese Verwirrung war den Symbolikern nur willkommen, indem sie dadurch nicht nur den Gorgonen-Mythus, sondern auch die geschichtlichen Amazonen von Teneriffa und die Atlantier vom Atlas und die Gorgonen von Sierra Leone, sammt den Affen von der Insel Sherbro in den Bereich ihrer Träume zogen, und sie für Wogen des atlantischen Oceans, für Stürme, für den Mond oder wer weiss was sonst noch hielten.

Der Gorilla-Affe ist erst in der neuesten Zeit wieder entdeckt worden; zuerst wurde er richtig beschrieben von J. E. Bowditch in seinem 1819 in London erschienenen Werk: „Narrative of a mission from Cape Coast Castle to Ashantee.“ 1847 kam der erste Schädel eines Gorilla-Affen nach America. Am genauesten beschreibt den Gorilla-Affen Du Chaillu in seinem kürzlich erschienen Werke: „Adventures and explorations in Equatorial Africa“; er hat die eigentliche Heimath dieser Thiere aufgefunden, und was er uns über ihre Lebensweise sagt, stimmt mit dem Berichte Hanno's sehr schön überein.

Beiläufig bemerke ich hier, dass in dortiger Gegend der Pavian noch jezt *worrow* oder *morrow* heisst, welches dem Worte Gorilla oder Gorgo nicht ganz unähnlich ist.

Es ist demnach festgestellt, dass der Zug der Amazonen nach Süden ging, wo sie sich verloren haben; wenigstens waren die Griechen und Römer nicht in der Lage weitere Nachrichten über sie einzuziehen. Aber die späteren Entdecker fanden sie wieder auf, und wenn ihren Berichten zu glauben ist, so müssen sich in ganz Centralafrica Spuren vorgefunden haben. Der Reisebeschreiber Lopez (1570) berichtet von einer ganzen Amazonen-Armee in Monomotapa, welche mit Bogen und Pfeilen bewaffnet sind und sich die rechte Brust ausbrennen, um nicht am Schiessen verhindert zu sein, und die Negerfürsten auf der Küste von Guinea haben noch jetzt fast alle eine Leibwache von bewaffneten Weibern.

§. 12. „Als die Gorgonen später sich wieder vermehrten, „wurden sie abermals von Perseus, dem Sohne des Zeus, „bekriegt zu der Zeit, als Medusa ihre Königin war. Zu„letzt wurden sowohl die Gorgonen als auch die Amazonen „von Hercules gänzlich vertilgt, als er seinen Zug nach „dem Abendlande unternahm, und die Säulen in Libyen „errichtete, indem er es für ein Unglück erachtete, dass „jemand, der sich vorgesetzt hat ein Wohlthäter der „Menschheit zu werden, ein von Weibern beherrschtes „Volk übersähe. Auch der tritonische See soll durch „Erdbeben verschwunden sein, indem die dem Ocean zu„gewandte Seite desselben durchbrochen wurde. Myrina „aber soll einen grossen Theil von Libyen durchzogen „haben, in Aegypten eingefallen sein, und mit Oros, dem

„Sohne der Isis, der damals in Aegypten herrschte, Freund„schaft geschlossen haben; auch mit den Arabern führte „sie Krieg und tödtete viele von ihnen; ferner eroberte „sie Syrien. Die Cilicier abe kamen ihr mit Geschenken „entgegen, und versprachen ihren Befehlen Folge zu leisten; „die freiwillig sich unterwerfenden liess sie frei und davon „heissen sie bis heute die freien Cilicier (Eleotherocilices). „Dann bekriegte sie die Völker am Taurus, welche sich „durch Stärke auszeichneten, und zog durch Grossphrygien „bis ans Meer, eroberte die Küsten der Reihe nach und „machte den Caicusfluss zur Gränze ihres Feldzuges. In „dem unterworfenen Lande wählte sie die zur Anlage von „Städten geeignetsten Plätze aus, und erbaute mehrere „Städte, von denen eine nach ihrem Namen benannt wurde, „die übrigen aber nach den Namen ihrer vorzüglichsten „Heerführerinnen, Cyme, Pitane, Priene. Diese Städte „erbaute sie am Meere, noch mehrere andere aber im „Innern des Landes an geeigneten Stellen. Auch soll „sie einige Inseln besetzt haben, und besonders Lesbos, „wo sie die Stadt Mytilene erbaute und nach dem Namen „ihrer Schwester benannte, welche an dem Feldzuge Theil „nahm. Darauf soll sie noch einige andere Inseln erobert „haben und daselbst von einem Sturm überrascht worden „sein; indem sie nun der Mutter der Götter für ihre Ret„tung Gelübde that, wurde sie an eine öde Insel verschla„gen, welche sie in Folge eines Traumgesichtes der Mutter „der Götter heiligte; sie erbaute dort Altäre, brachte viele „Opfer und nannte sie Samothrace, was so viel als die „heilige Insel bedeuten soll. Einige Historiker aber sagen,

„die Insel habe zuerst Samos geheissen und sei später „von den thracischen Bewohnern Samothrace genannt „worden. Als aber die Amazonen nach dem Festlande „zurückkehrten, habe die Mutter der Götter, dem Mythus „zufolge, an der Insel Gefallen gefunden; ausser andern „Bewohnern habe sie ihre Söhne, die Corybanten (es wird „nur den Eingeweihten im Geheimen mitgetheilt, von wel„chem Vater sie abstammen), dahin geschickt; sie ordnete „die noch jetzt dort gefeierten Mysterien an, und bestimmte „den geweihten Platz zum Asyl. Um jene Zeit soll der „Thracier Mopsos, welcher vor Lycurgus, dem König der „Thracier, entfloh, in das Land der Amazonen mit einem „Heere eingefallen sein; mit ihm sei der Scythe Sipylos „verbündet gewesen, welcher gleichfalls ein Flüchtling „aus dem an Thracien gränzenden Scythien war. In der „Schlacht siegten Mopsos und Sipylos, und die Königin „der Amazonen Myrina und viele mit ihr wurden getödtet. „Im Verlaufe der Zeit siegten beständig die Thracier, und „zuletzt kehrten die übrigen Amazonen nach Libyen „zurück.“ (Diodor. Sic. Lib. III, c. 55.)

Dieses ganze Capitel ist augenscheinlich nichts weiter als ein Versuch die africanischen Amazonen mit den kleinasiatischen in Zusammenhang zu bringen; der Versuch ist aber ziemlich ungeschickt ausgefallen, und da wir hier uns nur mit der wirklichen Geschichte befassen, so können wir den grössten Theil des Berichtes ganz übergehen. Wir haben gefunden, dass die africanischen Amazonen nach Süden zogen, wo wir sie aus dem Gesichte verlieren, und wo sie wahrscheinlich auch ohne weitere Folgen sich zerstreut haben. Dass Myrina darauf plötzlich in Cilicien, Phrygien, Lydien und selbst auf dem griechischen Archipel und in Thracien erscheint, ist daher ganz unglaublich, um so mehr, da wir über einen solchen Zug anderweitig nirgends die geringste Andeutung haben. Nachdem Diodor mit grosser Ausführlichkeit über die Unternehmungen der Amazonen gegen die Atlantier und Gorgonen berichtet hat, erzählt er in zwei Reihen, dass sie einen grossen Theil von Libyen durchzogen, mit Orus, dem Sohne der Isis, in Aegypten Freundschaft schlossen, die Araber schlugen und einen Theil von Syrien eroberten. Alles dieses ist augenscheinlich unhistorisch und lediglich erfunden, um einen Anknüpfungspunkt zu bilden. Eben so müssen wir die Züge des Perseus und Hercules nach Hesperien und alles, was sich daran knüpft, als für unsern Zweck ganz unbrauchbar, bei Seite liegen lassen.

Ganz anders ist es mit dem Berichte Diodors über die Erscheinung der Amazonen in Vorderasien, wo sie, wie wir so eben gesehen haben, Myrina, Cyme, Pitane, Priene und Mytilene anlegen und selbst Samothrace und andere Inseln des Archipels besuchen. Diesen Berichten liegt sicher etwas Wahres zum Grunde, wobei wir jedoch nicht nöthig haben an die schwarzen Amazonen und ihre Königin Myrina zu denken. Wir sind hiermit bei den pontischen Amazonen angelangt, und die Erörterung ihrer Geschichte wird auch über diese Städteanlagen das Erforderliche beibringen.

Zweites Capitel.

Die pontischen Amazonen in Kleinasien.

§. 13. „Der erste, welcher den Scythen Krieg er„klärte, war Sesostris, König von Aegypten, indem er „vorher Boten schickte, um sie zur Unterwerfung aufzu„fordern. Aber die Scythen, welche schon vorher durch „ihre Nachbaren von der Ankunft des Königs unterrichtet „waren, antworteten den Boten: es wäre eine Thorheit, „dass der Beherrscher eines so reichen Volkes gegen ein „armes Volk Krieg unternehme, da er weit mehr für sich „zu fürchten hätte; denn der Ausgang des Krieges sei „zweifelhaft, der Sieg habe keinen Lohn, der Nachtheil „aber sei handgreiflich; die Scythen würden also nicht „warten, bis er zu ihnen käme, da sie bei dem Feinde „so manches Wünchenswerthe fänden; sie würden also der „Beute entgegen gehen. In der That zögerten sie auch „nicht. Als der König erfuhr, dass sie mit grosser Schnel„ligkeit heranrückten, wandte er sich zur Flucht, und

„nachdem er sein Heer mit der ganzen Ausrüstung zurück- „gelassen hatte, zog er sich in sein Reich zurück. Die „Scythen wurden von Aegypten durch Sümpfe abgehalten „und kehrten zurück, indem sie sich Asien unterwarfen „und zinsbar machten, freilich mit einem mässigen Tribut, „mehr als Anerkennung der Oberherrschaft, denn als „Preis des Sieges. Nachdem sie fünfzehn Jahre zuge- „bracht hatten, um Asien zu unterwerfen, wurden sie durch „ihre Ehefrauen zurückgerufen, welche ihnen durch Boten „erklären liessen, sie würden bei ihren Nachbarn Nach- „kommen suchen, wenn sie nicht zurückkehrten, und nicht „zugeben, dass das scythische Volk durch Frauen unter- „gegangen sei. Asien war ihnen fünfzehnhundert Jahre „zinspflichtig, und Ninus, König von Assyrien, machte „dieser Unterwürfigkeit ein Ende.“ (Justin. Lib. II, cap. 3.)

Justinus hat diese Stelle aus dem verloren gegangenen Geschichtschreiber Trogus Pompejus gezogen, aus welcher Quelle auch Paulus Orosius (Buch I, Cap. 14) schöpfte, welcher den Feldzug des Sesostris (oder, wie er ihn nennt, Vesoris) 480 Jahre vor der Erbauung Roms ansetzt. Diese letztere Chronologie ist jedenfalls der Wahrheit näher, als die des Justinus, indem sie uns auf das J. 1234 v. Ch. G. führt, welches jedoch keineswegs ganz richtig sein kann.

Es dürfte nicht leicht sein, zu ermitteln, was für Völker es waren, gegen welche Sesostris den Krieg unternahm, denn unter Scythen verstehen die Alten zum mindesten drei Nationen von ganz verschiedener Herkunft, nämlich indo-europäische, tatarische und finnische. Wir werden in der Folge sehen, dass die Amazonen speciell mit den Sauromaten im Zusammenhang stehen, aber damit ist wenig geholfen; Herodot versteht sowohl unter Scythen als unter Sauromaten nur ganz specielle Völkerschaften; seine Sauromaten wohnten in den Ebenen südostwärts vom Don; aber später lernte man im östlichen Europa die Sarmaten kennen, und diese beiden Nationen wurden seitdem, zuerst durch Ptolemäus, nicht nur mit einander vermengt, sondern auch alle dazwischen liegenden zahlreichen Nationen wurden als Sarmaten oder Sauromaten angesehen, und dadurch ist eine unglaubliche Confusion in der Geographie und Ethnographie jener Länder entstanden. Die Neueren scheinen sich gar nicht darum bemüht zu haben, dieses Chaos, wenn auch nur einigermassen, zu lichten, denn z. B. Forbiger steht noch ganz auf demselben Standpunkte wie Ptolemäus. Ich müsste also hier eine Riesenarbeit vornehmen, wenn ich diesen Gegenstand gänzlich aufklären wollte, wozu es mir aber an meinem jetzigen Wohnort und in meinem Alter und in meinen Verhältnissen an Zeit und Mitteln fehlt, während ich die Vorarbeiten Anderer ganz und gar nicht gebrauchen kann. Ich muss also die Sache auf sich beruhen lassen, verwahre mich aber bestimmt gegen eine Vermengung der Sarmaten und Sauromaten, und halte mich streng an den Wortlaut meiner Originalquellen.

§. 14. „Das Land der Scythen ist von sehr kriege-„rischen Nationen bewohnt; das Volk ist durch sehr strenge „und rohe Sitten abgehärtet, und hat sehr künstliche Kriegs-„waffen; ihre Schilde (peltae) sind sehr stark und mit

„Asphalt zwischen zwei Wänden gehärtet; dieser Asphalt „wird aus dem humerischen See geschöpft und mit Men„schenblut vermengt, und weder Schneide noch Spitze „vermögen durchzudringen. König Ninus befahl den Scy„then, Menschenblut zu trinken, und führte hier alle denk„baren grausamen und rohen Gewohnheiten ein; seit jener „Zeit bedienen sie sich dieser Waffen bis auf den heuti„gen Tag. Später wurden diese Waffen von den Amazonen „angenommen, erneuert und wieder hergestellt. Die Män„ner sind sehr geschickt in der Anlage von Städten und „Gebäuden; auch verfertigen sie gute Sturmböcke und „Schleudern. Sie haben sehr schnelle Pferde und Kamele. „Ihre Weiber sind sehr kräftig, sowohl in ihren Geschäf„ten als im Kriege, dabei gelehrig und sittenrein. Das „Land war von jeher unbezwungen." (Cosmographia Aethici Istrici ed. Wuttke, p. 49.)

Auch der Istrier Aethicus hat aus Trogus Pompejus geschöpft, und diese Stelle scheint wegen der Erwähnung des Königs Ninus und wegen des Folgenden hier eingeschaltet werden zu müssen.

§. 14. „Unterdessen wanderten zwei Jünglinge von „königlichem Geblüte, Ylinus und Scolopitos, welche durch „die Umtriebe der Grossen aus ihrer scythischen Heimat „verbannt waren, mit einer zahlreichen Mannschaft aus „und liessen sich an der Küste von Cappadocien bei dem „Flusse Thermodon nieder, und nahmen die Umgegend „von Themiscyra in Besitz. Mehrere Jahre lang beun„ruhigten sie von hier aus durch Raubzüge ihre Nachbaren,

„die sich endlich gegen sie verbündeten und sie tödteten.“ (Justin. Lib. II, cap. 4.)

Paulus Orosius (l. c.) und Aethicus Istricus (l. c.) berichten dasselbe, nur heissen die beiden Jünglinge bei jenem Plinos und Scholopythus, bei diesem Plyinus und Solapesius.

Die Stadt Themiscyra ist das heutige Terme, der Thermodon heisst jetzt Terme Tschai, hat also seinen Namen unverändert beibehalten, denn *don* bedeutet „Wasser,“ „Fluss“, gerade wie *tschai* im Türkischen, und dieses Wort *don* hat sich bis heute im Ossetischen erhalten. Was aber *therme* oder *terme* bedeutet, vermag ich nicht anzugeben; es ist möglich, dass es wie das griechische θερμός, das persische گرم warm bedeutet, und im Ossetischen heisst *garmidon* eine warme Quelle; aber es ist auch möglich, dass *therme* etwas Anderes bedeutet. Der heutige Name der Stadt ist augenscheinlich von dem Namen des Flusses entlehnt; der alte Name Themiscyra ist zusammengesetzt; die letztere Hälfte ist sicher das persische *schehr* „Stadt“; die erste Hälfte entspricht vielleicht dem armenischen *tem* „gegenüber, entgegen“, also die „gegenüberliegende Stadt“ in Bezug auf die ursprüngliche Heimat der Colonisten. Der Name hat also eine entschieden orientalische Form und widerlegt also am besten die Zweifel Hamilton's, welcher geneigt ist, ihr hohes Alter abzuleugnen und sie vielleicht den Griechen zuzuschreiben.

§. 15. „Ihre Weiber, welche in der Verbannung sich „noch dazu im Wittwenstande sahen, ergriffen die Waffen,

„und damit alle, in Folge einer gleichen Lage, von der„selben Stimmung beseelt würden, tödteten sie die zurück„gebliebenen Männer und rächten ihre ermordeten Gatten „an dem Blute ihrer Feinde. Nachdem sie den Frieden „mit den Waffen erkämpft hatten, verbanden sie sich mit „den Ausländern, tödteten die neugebornen Knaben, er„zogen dagegen sorgfältig die Mädchen, und brannten „ihnen die rechte Brust ab, damit sie nicht am Pfeilschiessen „verhindert würden, wesshalb sie Amazonen (d. h. die „Brustlosen) genannt wurden.“ (P. Orosius I, cap. 14. 15.)

Justinus (l. c.) und Aethicus (l. c.) sagen ungefähr dasselbe, letzterer aber fügt noch folgende Details hinzu:

„Sie mietheten Waffenschmiede, und nachdem sie ihre „Kunst erlernt hatten, tödteten sie sie. Diese Waffen „waren eine neue Erfindung, indem sie Asphalt mit dem „Blute ihrer eigenen Kinder vermischten.“

Diodor hat eine Nachricht über den Ursprung des Amazonen-Gemeinwesens, welche zwar dem Trogus Pompejus nicht widerspricht, aber doch einige Nebenumstände hat, die wir in den Epitomatoren des Trogus nicht finden, wesshalb ich auch seinen Bericht hierhersetze:

§. 16. „Man sagt, am heutigen Fluss Thermodon habe „ein von Weibern beherrschtes Volk gewohnt, und die „Weiber hätten gleich den Männern die Geschäfte des „Krieges verrichtet. Eine von diesen, welche königliche „Würde hatte, hätte sich durch Stärke und Kraft ausge„zeichnet; sie hätte ein Heer von Weibern errichtet und „eingeübt, und einige Nachbarn mit Krieg überzogen. „Nachdem sie nun ihre Tapferkeit und ihren Ruhm ver-

„mehrt hatte, hätte sie in der Folge die benachbarten „Nationen angegriffen; und da sie vom Glück begünstigt „wurde, war sie mit Selbstvertrauen erfüllt worden. Sie „gab sich nun für eine Tochter des Ares aus; sie verur- „theilte die Männer zum Wollespinnen und zu den weib- „lichen Hausarbeiten. Sie gab Gesetze, in Folge deren „die Weiber in den Kampf zogen, die Männer aber in „niedriger Dienstbarkeit arbeiteten. Den neugebornen „Knaben verstümmelten sie Beine und Arme, damit sie „zum Kampf untauglich würden; den Mädchen aber brann- „ten sie die rechte Brust ab, damit sie nicht im Kampfe „gehindert wären; aus dieser Ursache sei die Nation Ama- „zonen genannt worden. Im Ganzen aber zeichnete sie „sich durch Verstand und Kriegstüchtigkeit aus, und sie „hätte eine Stadt an der Mündung des Thermodon ge- „gründet, namens Themiscyra, und einen weit berühmten „Palast gebaut; auf das Kriegswesen hätte sie viele Sorg- „falt verwendet und zuerst alle benachbarten Nationen bis „an den Tanais bekriegt. Diese Thaten soll sie verrichtet „haben, und nachdem sie sich im Kriege ausgezeichnet „hatte, starb sie den Heldentod." (Diod. Sic. Lib. II, cap. 45.)

Der Hauptunterschied in den vorstehenden Berichten besteht darin, dass Diodor die Gründung des weiblichen Gemeinwesens am Thermodon mit poetischen Farben schildert und die exilirten Wittwen mit einer gewissen Glorie umgiebt, während Trogus Pompejus und seine Abschreiber, namentlich seine beiden christlichen Epitomatoren Orosius und Aethicus, sie als eine Art Furien darstellen. Die Wahrheit wird wohl in der Mitte liegen, indem wir mit

Procopius annehmen, dass die Noth diese Frauen zwang, sich gegen ihre Nachbarn zu vertheidigen, die noch heutzutage auf einer ziemlich niedrigen Stufe in Bezug auf Humanität stehen, und damals aller Wahrscheinlichkeit um nichts besser waren.

Diodor ist ferner im Widerspruch mit Trogus Pompejus in Betreff des Schicksals der Männer; es ist möglich, dass ersterer, um seine Heldinnen nicht als Furien zu schildern, diesen Zug milderte; es. ist auch möglich, dass Trogus Pompejus und seine Abschreiber die Nachricht von der Niedermetzelung aller Männer erdichtet haben. Der Umstand ist im Grunde gleichgültig, und wir können die Sache auf sich beruhen lassen.

Diodor berichtet endlich von einer Königin, ohne sie zu nennen, während Trogus Pompejus, wie wir sogleich sehen werden, zwei Königinnen nennt, welche gleichzeitig regierten, indem abwechselnd die eine das Gemeinwesen verwaltete und die andere Krieg führte. Ob diese Königin des Diodor eine von den beiden des Trogus Pompejus ist, oder ob sie vor ihnen regierte, ist nicht leicht zu ermitteln. Hätten wir eine sichere Chronologie, so würde sich schon Einiges ergeben, aber gerade die chronologischen Schwierigkeiten sind hier ganz gewaltig; die Amazonenherrschaft soll nach Orosius, Aethicus und Jordanes hundert Jahre gedauert haben; ihr Ende fällt mit der Zerstörung von Troja zusammen, also gegen 1184 v. Ch. G. Nun aber ist der Zug der Argonauten, so wie die Geschichte des Hercules und Theseus mit dieser Herrschaft gleichzeitig; in Betreff dieser Ereignisse sind jedoch die

Chronologen durchaus nicht übereinstimmend, und so haben viele neuere Schriftsteller mit diesen Dingen kurzen Prozess gemacht und sie entweder abgeleugnet oder symbolisirt, was so ziemlich auf dasselbe hinausläuft. Indessen ist damit nichts geholfen, wir gewinnen damit weiter nichts, als dass wir historische Thatsachen, die zwar in ihren Einzelheiten vielfach durch die Dichter ausgeschmückt sind und chronologisch sich nicht ganz genau fixiren lassen, aber nichtsdestoweniger in der Hauptsache historisch begründete Facta sind, gegen eine wüste Masse von Träumereien vertauschen.

Im Ganzen dürften wir nicht sehr irren, wenn wir die Zeit von 1300 bis 1200 v. Chr. als die Dauer der Amazonenherrschaft am Pontus ansetzen; die chronologische Bestimmung der einzelnen Ereignisse aber ist unmöglich, — dagegen sind wir im Stande, die chronologische Folge der Ereignisse mit völliger Schärfe anzugeben, und dadurch selbst eine ungefähre Chronologie in Zahlen herzustellen, welches letztere jedoch nicht meine Absicht ist.

In Betreff des Abbrennens der rechten Brust ist Diodor mit allen Schriftstellern in vollständiger Uebereinstimmung, und dass die Amazonen von diesem Umstand ihren griechischen Namen haben, darüber sind alle Alten einig. Amazonen ist also kein Eigenname, sondern ein Name, den die Griechen solchen Frauen gaben, ohne Rücksicht auf geographische oder ethnographische Beziehung; es ist ein Name wie Nomaden, Neger u. s. w. Wie es indessen keinen Unsinn giebt, der nicht von irgend jemand in vollem Ernste behauptet worden wäre, so finde ich in

Meyer's Conversations-Lexicon Band I. S. 628 einen Mann, welcher sich anmasst, besser griechisch zu verstehen, als alle Griechen der alten und neuen Zeit zusammen, indem er behauptet, die Amazonen wären „die reinen nährenden Quellnymphen" und ihr Name bedeute nicht die Brustlosen, sondern die „Starkbrüstigen." Den Beweis dafür, wie für die „reinen nährenden Quellnymphen", überlassen wir, wie billig, dem scharfsinnigen Verfasser.

§. 17. „Ihre Tochter folgte ihr in der Regierung, ei-„ferte ihrer Mutter an Tapferkeit nach, übertraf sie aber „in ihren Thaten theilweise. Denn sie übte die Jungfrauen „von der zartesten Jugend an in der Jagd und liess sie „täglich kriegerische Uebungen vornehmen. Auch liess „sie dem Ares und der Artemis Tauropolis reiche Opfer „bringen. In einem Feldzuge jenseit des Tanais bekriegte „sie alle Völker bis nach Thracien, und als sie mit vieler „Beute heimkehrte, liess sie den genannten Göttern präch-„tige Tempel bauen; sie regierte die besiegten Völker „mit Gerechtigkeit, wesshalb sie sich einer grossen Popu-„larität erfreute. Auch unternahm sie einen Feldzug auf „der andern Seite, eroberte einen grossen Theil von Asien „und dehnte ihre Herrschaft bis Syrien aus. Nach ihrem „Tode kam die Herrschaft allemal an diejenigen, denen „sie gebührte; diese regierten ausgezeichnet, und die Nation „der Amazonen nahm zu an Macht und an Ruhm." (Diod. Sic. Lib. II, cap. 46.)

Der Schluss dieser Stelle scheint anzuzeigen, dass die beiden ungenannten Königinnen des Diodor, Mutter und Tochter, den beiden gleichzeitigen Königinnen des

Trogus Pompejus vorangingen; zwar lässt sich der Beweis nicht mit völliger Schärfe führen, indessen lässt sich vielleicht Einiges durch Combination herausbringen.

Diodor erzählt (s. oben §. 12), dass die Königin Myrina die gleichnamige Stadt an der Küste von Kleinasien zwischen Pergamum und Smyrna angelegt habe, und wir haben schon dort bemerkt, dass diese Myrina auf keinen Fall die Königin der africanischen Amazonen sein könne. Wir werden auch sogleich sehen, dass die Stadt Smyrna von einer Amazone gleiches Namens angelegt wurde, der man auch die Erbauung von Ephesus zuschreibt. Es ist möglich, dass diesen Angaben ein und derselbe Name zum Grunde liegt, indem Myrina und Smyrna für den Kenner der griechischen Sprache gar nicht so sehr verschieden sind, als es auf den ersten Anblick erscheint. Der Name Smyrna, fals er nicht griechisch ist (σμύρνη die Myrrhe), ist augenscheinlich mit Semiramis verwandt, was ich jedoch nicht dahin will verstanden haben, dass die Königin von Assyrien dieses Namens die Städte Myrina, Smyrna und Ephesus angelegt habe; der Name kommt aber im Orient in alter Zeit häufig als Frauenname vor, und ich selbst habe manche Inschrift mit diesem Namen copirt. Ferner findet sich in der Ilias eine sehr merkwürdige Stelle (II, 811—814):

„Vor der Stadt ist ein hoher Hügel
„Auf der Ebene, isolirt, von allen Seiten zugänglich,
„Die Menschen nennen ihn Batiea,
„Die Unsterblichen aber das Denkmal der Springerin Myrina,“

d. h. der heutige Name ist Batiea, der alte Name aber „das Denkmal der Myrina“, welche wahrscheinlich hier das Ende ihrer Laufbahn fand; es ist der kleine Hügel neben den Quellen des Scamander.

Südwärts von Angora ist ein District, welcher Haimané heisst; dieser Name lässt sich weder aus dem Griechischen noch aus dem Türkischen erklären; es ist daher jedenfalls ein alter Name, welche Vermuthung dadurch ihre Bestätigung erhält, dass die Alten auf dem rechten Ufer des Halys ebenfalls eine Landschaft Chammanene kannten. Die Bewohner von Haimané haben eine Sage bewahrt, laut welcher hier ehemals eine Fürstin von armenischer Herkunft, namens Maria, geherrscht habe, und dass von ihr die Landschaft den Namen habe, nämlich Haik Mana, d. h. das armenische Mariechen; Haik heisst „Armenien“, Mana ist die armenische Diminutivform für Maria. Erwägen wir nun ferner, dass ostwärts von Chammanene der alte District Morimene lag, welcher ebenfalls die Elemente eines Namens enthält, welcher Maria, Myrina oder dem ähnlich lautete, so gewinnt die Sache ein bestimmteres Aussehen.

Auch in der Hauptstadt von Paphlagonien, Kastamuni (Kastamboli), fand ich diese Sage vor. In dieser Stadt befindet sich ein Kloster der Derwische vom Orden des Abdülkader Gilani, welches laut einer Inschrift über dem Portal im Jahre der Hidschret 671 (1272) erbaut wurde; der Name dieses Klosters ist Jilanlü Tekkie, d. h. Schlangenkloster. Der Scheich des Klosters sagte mir, es sei das älteste Gebäude in der Stadt, viel älter als die Inschrift anzeige; Kastamuni habe seinen Namen von einer Fürstin, die hier ehemals regiert habe; ihr Name sei Moni oder Muni, und sie sei niemals vermählt gewesen; Kastamuni bedeute das „Schloss der Muni“; das Kloster aber sei das Münzgebäude dieser Fürstin gewesen. — Also auch in Paphlagonien besteht noch die Sage von einer Fürstin Moni oder Muni, welches, wie wir so eben gesehen haben, die armenische Diminutivform des Namens Maria ist.

Gehen wir noch weiter nach Westen, so treffen wir in Mysien ein paar Localitäten, an welche sich ebenfalls die Erinnerung an eine Fürstin knüpft; Kirmasti, ein Ort westlich von Brussa, soll 1337, als es von den Osmanen erobert wurde, von einer Fürstin beherrscht worden sein, welche bei den ältesten osmanischen Geschichtschreibern verschiedene Namen führt; bei Aaschik Paschazade lautet er Kala Masturia, d. h. die schöne Meisterin; bei Chodscha Seadeddin aber Kir Masturia, d. h. die Frau Meisterin. Wenige Stunden nördlich davon liegt Manias mit den Ruinen eines alten Kastells und andern alten Denkmälern, welche man für Ueberbleibsel des alten Poemanenum hält. Poemanenum aber erinnert durch seine Form genau an Haimane und Chammanene, sobald man nur erwägt, dass in der armenischen (und also wahrscheinlich auch in der cappadocischen) Sprache das *h* einem persischen und griechischen *f*, *p* oder *b* entspricht, z. B. *hraman* = *ferman* (Befehl), *hur* = *πῦρ* (Feuer), *hreschtag* = *ferischta* (Bote, Engel), *hink* = *pantsch* = *πέντε* (fünf) u. s. w. Was nun die Vorsilbe Hai, Cham oder Poe betrifft, so ist es nicht leicht, ihre Bedeutung aufzufinden, weil alle kleinasiatischen Sprachen bis auf wenige Trümmer untergegangen sind; es ist möglich, dass. ihnen das Sanskritwort *bhumi* (Erde, Land) zum Grunde liegt, welches auch im Altpersischen in derselben Bedeutung vorkommt, und sich noch im Neupersischen in der Zusammensetzung *merzibum*, d. h. Gränzland, erhalten hat. Demnach würden alle drei Namen „das Land der Mana" bedeuten.

In der Troas und in Aeolien endlich kommt der Name Myrina wieder zum Vorschein wie wir schon gesehen haben.

Wir finden also über das ganze nördliche Kleinasien von Troja, Myrina und Smyrna an bis jenseit des Halys die Sage von einer kriegerischen jungfräulichen Fürstin verbreitet, und in Ermangelung der ursprünglichen Namensform gehen wir wohl am sichersten, wenn wir die älteste beglaubigte Form, Myrina, als die wirkliche annehmen. Als das Christenthum bis hierher vordrang, hielt man vielleicht Myrina für den Namen Maria (welcher bekanntlich in allen semitischen Sprachen, also in der Urform, Mirjam lautet), und die christlichen Cappadocier und Armenier haben schliesslich aus diesem ihnen geläufigen Namen Mana oder Muni gemacht.

Nunmehr ist es gar nicht so absurde, in den Sculpturen von Bogazköi und Uejük in der Landschaft Morimene Darstellungen von dem Zusammentreffen der Amazonenkönigin Myrina mit einem Sakenfürsten zu erblicken, wie schon Texier, der erste Entdecker dieser Sculpturen, anfangs vermüthete. Weil aber damals die Amazonen für mythische Wesen, für Mondpriesterinnen oder für reine nährende Quellnymphen gehalten wurden, so war es unzulässig, bei Texier's Hypothese auch nur eine Minute zu verweilen, und der allgemeine Widerspruch veranlasste diesen selbst, seine frühere Meinung aufzugeben. Seitdem stehen sich zwei Hypothesen gegenüber, nämlich die spätere von Texier und von Kiepert, welche darin eine Darstellung der Sakäenfeier finden, und die von Bähr und Dr. Barth, welche darin eine Darstellung von dem Frieden zwischen Cyaxares und Alyattes finden. Ich habe mich an einem andern Orte gegen beide Hypothesen ausgesprochen, hauptsächlich aus dem Grunde, weil im Orient Religion und Politik niemals zu trennen sind; die Darstellungen sind also weder rein religiös noch rein geschichtlich, und letzteres um so weniger, da die Schlacht zwischen Cyaxares und Alyattes die Bewohner von Morimene nicht im geringsten interessirte; bei dem losen Abhängigkeitsverhältniss entfernter Länder konnte es diesen höchst gleichgültig sein, ob sie ihren geringen nominellen Tribut nach Sardes zum Alyattes oder nach Ecbatana zum Cyaxares schickten. Als ich die angedeutete Abhandlung schrieb, beachtete ich die frühere Hypothese Texier's zu wenig, weil sie nirgends Anklang gefunden hatte, und weil ich damals selbst den Amazonen keine specielle Aufmerksamkeit widmete; ich begnügte mich damit, dass ich das Unzureichende der bisher zur Geltung gebrachten Erklärungsversuche nachwies. Eine neue Betrachtung der Sculpturen aber überzeugte mich, dass Texier's erste Ansicht die allerrichtigste war. In der That war für die Saken, welche sowohl hier, als weiter ostwärts in Zela und Comana ihre Wohnsitze hatten, ein Besuch der stammverwandten Amazonenfürstin, vermuthlich zum Zweck eines Connubium, von tiefer Bedeutung. Wir sehen sowohl in Bogazköi als in Uejük das Bildniss einer Fürstin in langem, wallendem Gewande, und ihr Gefolge mit der Sagaris (dem Doppelbeil) bewaffnet gleich den Saken, und die hin und wieder angebrachten Symbole scheinen den Zweck der Zusammenkunft deutlich genug anzuzeigen. Die beiden Kobolde, welche, von der Ebene der übrigen Figuren abgesondert, einen Doppelgegenstand in die Höhe halten, wurden mit Recht für die Darstellung eines cosmischen Phänomens gehalten; Dr. Barth sieht darin eine Versinnlichung der Sonnenfinsterniss, welche sich während der Schlacht zwischen Cyaxares und Alyattes ereignete und der Schlacht ein Ende machte. Gegen diese Ansicht lässt sich vornehmlich einwenden, dass man damals in jenen Gegenden schwerlich die wahre Ursache einer Sonnenfinsterniss kannte, abgesehen davon, dass die Sonne in diesen Sculpturen doch etwas gar zu geringfügig dargestellt ist; eine unbefangene Betrachtung mit gesunden und ungetrübten Augen erkennt darin zwei Monde, beide als Halbmonde dargestellt, und was diese zwei Monde bedeuten, erfahren wir ganz genau aus Strabo.

„Zwei Monate im Frühling gehen die Amazonen auf „das benachbarte Gebirge, welches sie von den Gargarern „trennt; auch diese gehen nach alter Sitte hinauf, opfern „mit den Weibern und wohnen ihnen bei, um Kinder zu erzeugen.“ (Strabo Geogr. Lib. XI. cap. 5.)

Ich glaube nicht, dass nach dieser Hypothese irgend

ein Theil dieser Sculpturen von Bogazköi noch einer weitern Erklärung bedarf; hat es aber mit dieser Hypothese seine Richtigkeit, so ergiebt sich daraus das nicht uninteressante Factum, dass der deutsche Reichsadler (welcher auf den mehrerwähnten Sculpturen neben der Königin dargestellt ist) ursprünglich das Wappen der Amazonen war. Dieses Factum aber führt abermals zu weiteren Folgerungen.

Es ist von Bähr, Ritter und Dr. Barth nachgewiesen, dass Bogazköi das Pteria des Herodot sei; ich habe die Gründe dafür sorgfältig geprüft und gefunden, dass sich nichts dagegen einwenden lässt; dagegen fehlt uns der mittelalterliche Name des Ortes, den ich in der mehrerwähnten Abhandlung nachgewiesen habe: es war das Thebasa der Byzantiner, welchen Namen auch schon Plinius hat, und welcher sich bis heute in dem Namen Jükbas (so heisst das zweite Dorf, eine Viertelstunde nordwärts von dem eigentlichen Bogazköi, mit dem es gewissermassen einen Doppelort bildet) freilich in etwas stark verstümmelter Gestalt erhalten hat. Pteria ist bekanntlich nur eine Uebersetzung des alten einheimischen cappadocischen Namens und bedeutet „Flügelstadt"; dasselbe bedeutet Thebasa, denn *tjev* bedeutet im Armenischen (also auch wohl im Cappadocischen) einen Flügel, und *as* bedeutet bekanntlich in allen kleinasiatischen Sprachen eine S t a d t (vgl. Assus, Haliassus, Halicarnassus, Iassus u. s. w.). Tjevas also war der ursprüngliche Name des Ortes, den die späteren Griechen, soweit es ihr Alphabet zuliess, ziemlich genau durch Θήβασα (welches natürlich nach neugriechischer Aussprache zu lesen ist) wiedergeben. Die Araber, denen der wahre Name wohl eben so ungelenk und ungeschlacht vorkam, wie den Griechen, machten ihn sich mundgerecht, indem sie ihn in *sifsaf*, d. h. Weidenbaum, verwandelten, und die Türken aus gleicher Ursache in *Jükbas* (d. h. reiss nieder und zertritt). Pteria ist also die Uebersetzung von Tjevas (Thivasa, Sifsaf, Jükbas), und man hat den Namen aus dem Umstande erklärt, dass die Sculpturen unter andern einen Doppeladler darstellen.

Ich habe vorhin (§. 14) gezeigt, dass die letztere Hälfte des Namens Themiscyra das persische Wort *schehr* (Stadt) ist; über die erstere Hälfte wagte ich nur eine schwache Vermuthung auszusprechen. Bei näherer Ueberlegung finde ich, dass Themiscyra dasselbe ist, was Thebasa (Tjevas), nämlich Flügelstadt. Der Nachweis ist leicht gegeben. Es ist längst bekannt, dass die Keilinschriften zweiter Gattung in einer Sprache abgefasst sind, welche zum tatarischen Stamm gehört, und dass diese Sprache unter andern die Eigenthümlichkeit hat, dass die Consonanten desselben Organs sich leicht mit einander verwechseln, so dass ein und dasselbe Zeichen zweifache Geltung hat, *d* und *t*, *k* und *g*, *p* und *b*, *s* und *sch*, eine Eigenthümlichkeit, welche das heutige Türkisch ebenfalls hat; so sagt man z. B. in Constantinopel *tasch*, *dag*, *kar*, *bunar*, in Anatolien aber *dasch*, *tag*, *gar*, *pungar* (Stein, Berg, Schnee, Quelle). Eben so hat diese Sprache der zweiten Keilschriftgattung für die beiden Laute *m* und *w* nur ein einziges Zeichen, und Medien lautet dort entweder *Mada* oder *Wada*. Erinnern wir uns an diese Eigenthümlichkeit; so darf es uns nunmehr nicht auffallen, dass Themiscyra ganz dasselbe bedeutet wie Tjevas (Thebasa oder vielmehr Thivasa mit englischem *th*), Themiscyra ist also *Tjev-schehr* = *Tjev-as*, Flügelstadt.

Indessen dürfte es Zeit sein, von dieser Abschweifung, welche der kühnen Hypothesen vielleicht schon zu viel enthielt, zu unserm eigentlichen Gegenstande zurückzukehren.

§. 18. „Die Amazonen hatten zwei Königinnen, Marpesia und Lampedo, welche das Heer in zwei Theile „theilten, und als sie schon mächtig geworden waren, führten sie abwechselnd Krieg (nach aussen) und vertheidigten die Heimat. Und damit sie ihren Erfolgen eine „gewisse Autorität gäben, behaupteten sie, Töchter des „Mars zu sein. Sie eroberten daher einen grossen Theil „von Europa und auch einige Staaten von Asien. Nachdem sie Ephesus und viele andere Städte gegründet hatten, führten sie einen Theil des Heeres mit unermesslicher Beute zurück. Die übrigen, welche zurückblieben, „wurden nebst ihrer Königin Marpesia in einem Treffen „mit den Barbaren getödtet.“ (Justin. Lib. II, cap. 4.)

Eben so P. Orosius (I, 15) und Aethicus (p. 51), welcher letztere die beiden Königinnen Marpoesia und Lampoeto nennt und hinzufügt, sie seien schön und verständig gewesen. Der Name Marpesia bedeutet „Männermörderin“, wie wir später sehen werden.

Hier dürfte der geeignete Ort sein, die Nachrichten über die Anlage verschiedener Städte durch die Amazonen zusammenzustellen, da sie den beiden Königinnen Marpesia und Lampedo zugeschrieben werden.

§. 19. Pitane. Ueber die Anlage dieser Stadt durch die Amazonen habe ich kein anderes Zeugniss auffinden können, als die vorhin angeführte Stelle aus Diodor.

Myrina. „Die erste Stadt in Aeolis heisst nach dem „Namen ihrer Gründerin Myrina.“ (Pompon. Mela I, 18.)

Strabo (XI, 4. 5) erwähnt gleichfalls dieser Gründung, ohne jedoch daran zu glauben.

Cyme. „Die zweite Stadt in Aeolis wurde von Pe„lops nach der Besiegung des Oenomaus und bei seiner „Rückkehr aus Griechenland angelegt; Cyme, die Anfüh„rerin der Amazonen, vertrieb die Bewohner und nannte „sie Cyme.“ (Pomp. Mela I, 18.)

„Cyme, eine Stadt in Aeolis, Lesbos gegenüber, von „der Amazone Cyme benannt; sie hiess auch Amazonion.“ (Steph. Byz. in voce.)

Smyrna. „An der Küste liegt Smyrna, von einer „Amazone angelegt, und von Alexander wieder aufgebaut.“ (Plin. Hist. Nat. V, 31.)

„Smyrna, eine Stadt in Ionien, welche zuerst Tan„talus erbaute; damals wurde sie Naulochum genannt, „später aber Smyrna von der Amazone Smyrna, welche „Ephesus beherrschte.“ (Steph. Byz. in voce.)

Auf der Acropolis von Smyrna befindet sich noch der Kopf der Amazone Smyrna als Ueberrest einer Statue.

Ephesus. „In Ionien ist Ephesus und der berühmte „Tempel der Diana, welchen die Amazonen nach der Erobe„rung von Asien geweiht haben sollen.“ (Pomp. Mela I, 17.)

„Ephesus ist eine berühmte Stadt in Ionien; die Zierde „von Ephesus ist der Tempel der Diana, ein Bau der

„Amazonen, ein Prachtgebäude, so dass Xerxes ihn ver-„schonte, während er alle andern Tempel in Asien ver-„brennen liess.“ (C. Jul. Solin. Polyhist. c. 13.)

„An der Küste ist ein Orakel und Ephesus, ein Werk „der Amazonen.“ (Plin. Hist. Nat. V, 31.)

„Ephesus wurde von der Amazone Smyrna Smyrna „genannt; es wurde aber später von einer Amazone be-„nannt, welche eine Fürstin und Priesterin der Artemis „gewesen sein soll; dieselbe soll eine Tochter Amazon ge-„habt haben, von welcher die Amazonen benannt wurden.“ (Steph. Byz. in voce.)

„Ephesus soll von einer Amazone benannt sein; An-„dere aber behaupten, es habe seinen Namen von dem „Zuge (ἐφεῖναι) des Hercules von Mycale bis nach Pitane „gegen die Amazonen.“ (Heraclid. Polit. XXXIII.)

„Alle Städte verehren die ephesische Artemis, und „die Menschen erweisen ihr vor allen Göttern eine beson-„dere Ehre. Die Ursache aber, wie es mir scheint, ist „der Ruhm der Amazonen, welche das Bildniss aufgerich-„tet haben sollen, und weil dieses Heiligthum schon in „uralten Zeiten erbaut war.“ (Pausan. IV, 31, 6.)

„Auch die kampfbegierigen Amazonen errichteten dir „einst an den Gestaden von Ephesus ein Bildniss auf dem „Stamm einer Buche; Hippo aber vollendete das Heilig-„thum; sie tanzten darauf, upische Herrscherin, den „Waffentanz, zuerst mit Schilden bewaffnet, im Kreise „stehend, einen weiten Tanz bei dem hellen Schalle der „Syringe, damit sie gleichzeitig sich bewegen (denn da-„mals bediente man sich noch nicht der Flöte aus Hirsch-

„geweih, ein den Hirschen verderbliches Werk der Athene); „der Wiederhall verbreitete sich bis nach Sardes in den „berecynthischen Nomos; sie stampften mit den Füssen „und liessen die Köcher rauschen. Um jenes Bild wurde „darauf ein weiter Bau errichtet, wie das Morgenland kei„nen göttlicheren und reicheren gesehen hat; wenn auch „Python leicht vorüber ging, so drohte doch der über„müthige Lygdamis auf seinem Zuge das Heiligthum zu „zerstören, als er ein zahlloses Heer der pferdemelkenden „Cimmerier, welche am Ufer des inachischen Bosporus „wohnen, herbeiführte. Ha, der elende Fürst, wie hat er „sich geirrt! weder er, noch irgend ein anderer, so viele „Wagen auch damals auf der caystrischen Wiese waren, „kein einziger kehrte nach Scythien zurück. Denn dein „Bogen schützt beständig Ephesus.“ (Callimach. Hymn. in Dian.)

Dagegen schreibt Pausanias an einer andern Stelle, wie folgt:

„Das Heiligthum des Apollo in Didymi und das Orakel „ist älter als die Einwanderung der Ionier, viel älter als „die Verehrung, welche die Ionier der Artemis von Ephe„sus erweisen. Pindar bezog alles, wie es scheint, auf „die Göttin, indem er sagt, dass die Amazonen dieses „Heiligthum erbaut haben, als sie gegen Athen und The„seus zogen. Die Weiber vom Thermodon opferten nun „damals auch der ephesischen Göttin, deren Heiligthum „sie von Alters her kannten; denn als sie vor Heracles „und schon früher vor Dionysos flohen, kamen sie als „Flehende dahin, aber es wurde nicht von ihnen erbaut;

„Cresos, ein Eingeborner, und Ephesos, der für einen Sohn „des Flusses Caystros gehalten wird, sind die Erbauer „des Heiligthums, und nach diesem Ephesos ist die Stadt „benannt worden. Es wohnten hier rings herum die Le- „leger, ein carischer Stamm, und viele Lydier; auch An- „dere wohnten um den Tempel herum, um dort zu beten; „eben so Weiber vom Amazonengeschlecht.“ (Pausan. V, 2, 4.)

Noch nennt Strabo unter den von Amazonen angelegten Städten Paphos auf Cypern; ich habe aber nirgends sonst etwas darüber gefunden, auch ist die Sache an sich sehr unwahrscheinlich.

Dagegen sind viele Zeugnisse übereinstimmend für die Niederlassungen der Amazonen an der äolischen und ionischen Küste, namentlich aber in Betreff von Myrina, Smyrna und Ephesus, und trotz der Zweifel Strabo's dürfte die Thatsache feststehen. Nur muss man sich nicht gewaltige Städte darunter denken, wie Ephesus es später ward und Smyrna es noch jetzt ist; es waren schwerlich mehr als Dörfer, wo sich einzelne, von der Hauptmasse der Amazonen versprengte Abtheilungen niederliessen, indem sie hier, wie am Thermodon, treu den Gewohnheiten und Sitten ihrer ursprünglichen Heimat, sich vorzugsweise eine niedrige Gegend am Meere aussuchten. (Beiläufig spricht auch dieser Grund für die Anlage Themiscyra's durch die Amazonen, indem bekanntlich die Griechen sich immer eine erhöhte Gegend am Meere zur Anlage ihrer Städte aussuchten.) Ob sie den Tempel der Diana zu Ephesus erbauten, wollen wir dahin gestellt sein lassen; es ist nicht wahrscheinlich, dass ein solcher berühmter Prachtbau, den die Alten zu den sieben Wunderwerken der Welt zählten, von Frauen erbaut wurde, welche, durch Noth getrieben, eine kriegerische Lebensart führten. Wahrscheinlicher ist dagegen die Angabe, dass sie ein Bildniss der Diana in Ephesus aufstellten, ein rohes hölzernes Bild auf einem Buchenklotz, wie Callimachus sagt; denn dass Frauen, welche dem Jägerleben sich widmeten, die Artemis verehrten, ist fast selbstverständlich. Nur mache man nicht alle Amazonen zu Priesterinnen der Mondgöttin, wie die Symboliker thun, ohne zu bedenken, dass ein bloss aus Priestern und Priesterinnen bestehendes Gemeinwesen ohne Laien in sehr kurzer Zeit verhungern würde.

Die Gegenwart bietet viele analoge Erscheinungen dar; Hydra und Spezzia in Griechenland, Helgoland und Blankenese in der Nähe meiner Heimat, sind zu gewissen Zeiten des Jahres fast ausschliesslich von Frauen bewohnt; diese verrichten alle Arbeiten, nicht nur im Hause und auf dem Felde, sondern auch zuweilen auf dem Meere; die Noth treibt sie, besonders wenn sie Wittwen geworden sind. Da aber die menschliche Gesellschaft inzwischen humaner geworden ist, so haben sie nicht nöthig sich zu bewaffnen, um ihr Eigenthum und Leben gegen ihre Nachbarn zu vertheidigen. Im Alterthum aber war es anders; damals war es ein *bellum omnium contra omnes*, der Ausländer war ein Feind, der *hospes* war *hostis*, und das Exil galt der Todesstrafe gleich. Damals also waren Frauen, die sich in solcher Lage befanden, nicht nur genöthigt, selbst für ihren Unterhalt zu sorgen, sondern auch sich in den Waffen zu üben, um sich gegen ihre Nachbaren zu vertheidigen. Alle diese Dinge sind so einfach, naturgemäss und selbstverständlich, dass nur eine ganz unpraktische Stubengelehrsamkeit auf die Idee gerathen konnte, in der Entwicklung dieser Verhältnisse eine Allegorie des Mondcultus zu sehen.

Ausser den genannten Städten wird auch noch die Anlage von Sinope den Amazonen zugeschrieben.

„Darauf kommt die Stadt Sinope, nach einer der Ama-„zonen benannt, deren Festung einst in der Nähe war; „die Stadt bewohnten ehemals eingeborne Syrer, später „aber, wie man sagt, die Griechen, welche gegen die Ama-„zonen zogen, Autolycus, Deileon, Phlegius, lauter Thes-„salier; darauf der Milesier Habrondas, der von Cimme-„riern getödtet zu sein scheint." (Scymnus Chius, 941—949.)

Inzwischen ist die Sage schwerlich begründet, da die Localität sich nicht für die Gewohnheiten und Lebensweise der Amazonen eignete.

§. 20. Sehen wir uns jetzt in ihren Wohnsitzen am Thermodon etwas um.

„Themiscyra ist eine Ebene, die vom Meere bespült „wird, das ungefähr sechzig Stadien von der Stadt ent-„fernt ist; auf der andern Seite wird sie vom Gebirge be-„gränzt, welches mit Waldungen bewachsen und von Flüs-„sen durchströmt ist, die dort entspringen. Alle diese „Flüsse vereinigen sich zu einem einzigen, der sich in „die Ebene ergiesst und Thermodon heisst." (Strabo Geogr. Lib. XII, cap. 3.)

„An der Küste ist der Fluss Thermodon, welcher „bei dem Castell Phanaroea entspringt und am Fusse des „Amazonenberges vorbeifliesst. Es hat eine Stadt desselben Namens gegeben, und noch fünf andere, Amazonium, „Themiscyra, Sotira, Amasia, Comana (welche jetzt ein „Orakel ist).“ (Plin. Hist. Nat. VI, 4.)

„Nach dem Iris ragt zunächst das grosse und mächtige „Ancon hervor; hierauf ergiesst sich die Mündung des „Thermodon in den ruhigen Golf bei der themiscyrenischen Spitze, ein weites Uferland durchströmend. Hierauf „kommt die Ebene von Doeas und in der Nähe die drei „Städte der Amazonen; nach ihnen das Land der Chalyben“ u. s. w. (Apoll. Rhod. Argonaut. II, 369 ff.)

„An demselben Tage umschifften die Argonauten das „hafenreiche Vorgebirge der Amazonen. In dem Golf, an „der Mündung des Thermodon, landeten sie, da das Meer „in Bewegung gerieth. Diesem Flusse gleicht kein anderer „Fluss oder Strom, so viel ihrer auf der Erde fliessen, „denn 96 Flüsse vereinigen sich mit ihm, wenn man sie „alle genau zählt, wirklich aber hat er nur eine einzige „Quelle. Diese ergiesst sich in das Uferland von den „hohen Bergen, welche die Amazonischen heissen. Ihm „gegenüber erstreckt sich ein höheres Land, wo gekrümmte „Pfade sind, die sich beständig winden, vorzüglich nach „dem niedrigen Ufer, dieser von ferne, jener in der Nähe; „viele namenlose Furten aber sind vorhanden, die sich „bald bei dem gekrümmten Vorlande in den ungastlichen „Pontos ergiessen. — Die Amazonen sind nicht sehr milde „und gerecht; die Bewohner der döantischen Ebene sind.

„übermüthig und sinnen nur auf kriegerische Thaten; „denn sie sind Töchter des Ares und der Nymphe Harmonia, welche dem Ares kampfbegierige Mädchen gebar, „als sie in den Schluchten des alcmonischen Hains verweilte.... Die Amazonen wohnen nicht vereinigt an „einem einzigen Orte, sondern nach Stämmen getheilt an „drei verschiedenen Punkten des Landes. Ein Stamm ist „derjenige, welchen Hippolyte beherrscht, ein anderer „wohnt bei Lycastus, und der dritte sind die speerschwingenden Chadesier.“ (Apollon. Rhod. Argon. II, 964 ff.)

Die Stadt Lycastus lag, wie wir aus den alten Geographen ersehen, unmittelbar dem heutigen Samsun gegenüber, auf der rechten Seite des Flüsschens Lycastus, das sich bei dieser Stadt ins schwarze Meer ergiesst. Samsun selbst bewahrt in seinem Namen das Andenken an die Amazonen, denn der ältere Name Amisus (Ἀμισός) bedeutet wohl nichts anders als Amazonenort. Chadesia ist ebenfalls ein kleiner Fluss, an dessen Mündung ehemals eine kleine Stadt lag, vierzig Stadien ostwärts von Lycastus.

Der Name des Amazonengebirges hat sich bis jetzt erhalten, nämlich Mazun Daghi, wie Hamilton und Fallmerayer übereinstimmend bestätigen.

Ich komme hier noch einmal auf den Namen der Amazonen zurück; ich habe bereits vorhin erwähnt, dass die Herleitung des Namens von μάζα (Brust) bis jetzt nicht angefochten ist, und ich sehe auch keinen Grund dazu. Aber das ist eine griechische Ableitung, und die Amazonen haben schwerlich griechisch gesprochen. Es lassen sich nun zwei Möglichkeiten denken: entweder die Amazonen benannten sich selbst in ihrer eigenen Sprache mit einem Namen, welcher dem griechischen ganz unähnlich ist, oder die griechische Form ist der ursprünglichen ähnlich und nur dem Genius der griechischen Sprache angepasst, um in dieser eine prägnante Bedeutung zu haben. Letzteres ist mir wahrscheinlicher, denn „die Brustlosen" würden, wenn nicht eine ausländische Namensform als Muster vorgeschwebt hätte, αἱ ἄμαζοι heissen und nicht αἱ Ἀμαζόνες. Da nun die pontischen Amazonen die einzigen sind, mit welchen die Hellenen in Berührung kamen, so vermuthe ich, dass ihr ursprünglicher einheimischer Name Amazon oder dem ähnlich lautete, und es käme darauf an, zu ermitteln, was dieses Wort bedeutet. In der letzteren Hälfte des Wortes erkennt man ohne Zweifel das persische Wort *zen*, Frau, armenisch *gin* oder *kin*, griechisch γυνή, polnisch, illyrisch u. s. w. *žona;* — schwieriger dagegen ist die Erklärung der ersteren Hälfte, für welche ich bis jetzt noch keine befriedigende Etymologie gefunden habe. In der Sprache der Keilinschriften zweiter Gattung findet sich ein Wort *amaka* oder *avaka* „rebellavit"; sollte der Stamm dieses Wortes in dem Namen der Amazonen stecken, so würde letzterer „die rebellischen Weiber" bedeuten, ähnlich wie die Zaporoger Kosacken, welche im vorigen Jahrhundert nach der Eroberung der Krim unter Anführung ihres Hetmann Ignatius in die Türkei auswanderten und sich zum Theil nahe bei Samsun niederliessen, von dem Namen ihres Anführers noch jetzt bei den Türken „Inad Kazaklar", d. h. die widerspenstigen Kosacken, heissen.

§. 21. Wir haben gesehen, dass Marpesia auf einem Feldzuge von den Barbaren getödtet wurde. Das Nähere über diesen Feldzug erfahren wir aus Aethicus.

„Nachdem die Amazonen einen grossen Theil von „Asien verwüstet hatten, eilten sie mit einem zahlreichen „geharnischten Heere nach Europa. Eine Zeitlang ver„weilten sie bei Ilium am Simois unter Zelten, bereicher„ten ihre Städte mit der Beute und verbargen alles. Die „Scythen erfüllen die Erde mit grossem Schrecken und „kämpfen wiederholt mit den Völkern." (Aeth. Istr. p. 52.)

Es geht aus dieser Stelle hervor, dass der Feldzug gegen Europa gerichtet war, indem die Amazonen bei Troja über den Hellespont setzen wollten; der Feldzug muss aber schon zu Anfang verunglückt sein, weil wir nirgends finden, dass sie schon damals nach Europa übersetzten. Es ist vielmehr glaublich, dass die Trojaner die ungebetenen Gäste zurücktrieben (wir werden sogleich sehen, dass damals zwischen Trojanern und Amazonen ein feindseliges Verhältniss bestand, das sich erst später in ein Bündniss verwandelte), und Marpesia wird irgendwo mit ihrem Heere der feindlichen Uebermacht erlegen sein.

In Kastamuni, wo wir schon vorhin das Andenken an die Amazonen noch heutzutage lebendig gefunden haben, am Fusse des Castells befindet sich eine Höhle von sonderbarer Bauart; der Eingang ist viereckig und niedrig; nachdem man durch diesen Eingang auf allen Vieren gekrochen ist, entdeckt man, dass die Höhle sich erweitert, und diese innere Höhle hat die Form eines Tonnengewölbes. Der ehemalige Inhalt ist längst beseitigt, und man findet dort nur noch lose Steine. Dieser Ort heisst bei den Eingebornen Kyrk Kyzlar, „die vierzig Mädchen“, indem die Sage behauptet, vierzig Mädchen seien auf irgend einem Zuge hier umgekommen und begraben. Augenscheinlich ist also hier ein Amazonengrab, und da die Geschichte nur diesen unglücklichen Zug der Marpesia gegen Troja kennt, so ist es wahrscheinlich, dass sie auf ihrem unfreiwilligen Rückzuge nach der Heimat hier mit einem paphlagonischen oder henetischen Heere zusammenstiess und ihren Tod fand. Ob ihr Heer gerade aus vierzig Personen bestand, wage ich nicht zu behaupten, da vierzig im Türkischen eine unbestimmte Zahl ist; aber gross wird ihr Heer auf keinen Fall gewesen sein.

§. 22. „Ihr (der Marpesia) folgte in der Regierung „ihre Tochter Orithya, welche neben einer ausgezeichne„ten Kenntniss des Kriegswesens noch den Ruhm einer „bis an ihr Ende bewahrten Jungfräulichkeit erwarb.“ (Justin. II, 4; eben so Paul. Oros. I, 15.)

Ueber Lampedo erfahren wir nichts weiter, denn die zunächst folgenden Ereignisse erwähnen zweier Schwestern, welche damals die Herrschaft theilten; über den Namen der älteren, Orithya, sind alle Urkunden einig; über den Namen der jüngeren aber ist es schwer, die verschiedenen Angaben zu vereinigen; Einige nennen sie Antiope, Andere Hippolyte. Im Grunde ist es gleichgültig, wie sie hiess, und da der berühmte Zug des Hercules gegen sie gerichtet war, so werde ich die verschiedenen Berichte darüber zusammenstellen, ohne mich auf den Streit einzulassen, ob die Gegnerin des Alciden Hippolyte oder Antiope hiess. Wahrscheinlicher ist jedoch aus dem ferneren Verlauf der Geschichte, dass es Antiope war. Ebenso scheint Orithya auch von einigen Schriftstellern Otrere genannt zu sein, denn wir finden später die Penthesilea theils als Tochter der Otrere erwähnt, theils als Nachfolgerin der Orithya.

Ehe ich aber den Zug des Hercules vornehme, ist es nöthig zu berichten, was die ältere Schwester, Orithya oder Otrere, während dieser Zeit that.

§. 23. „Orithya führte auswärts Krieg.“ (Justin. II, 4.)

„Bei den Mosynöken vorüber fahrend, gelangt ihr an „eine flache Insel, von welcher sich unverschämte Raub-„vögel erheben und sich in ungeheurer Anzahl auf eine „öde Insel begeben; dort erbauten Otrere und Antiope, „die Königinnen der Amazonen, dem Ares einen steiner-„nen Tempel, als sie sich dort lagerten.“ (Apollon. Rhod. Argon. II, 382 ff.)

Diese Insel hiess von dem Tempel des Mars die Marsinsel (Ἀρῆος und Ἀρητιὰς νῆσος) auch Chalconitis (Plin. Hist. Nat. VI, 13), jetzt Kiressun Adassi.

„Schnell seine eherne Rüstung anlegend, warf Belle-„rophon das weibliche Schützenheer der Amazonen, welche „von den öden Gestaden des kalten Aethers herabgekom-„men waren, nieder.“ (Pindar. Olymp. XIII, 96 ff.)

„Zum dritten bekämpfte Bellerophon die mannhaften „Amazonen.“ (Homeri Ilias VI, 186. Vgl. auch Apollod. Bibl. Myth. II, 3, 2.)

Priamus erzählt der Helena:

„Ich kam in das weinreiche Phrygien, wo ich sehr „viele Phrygier, rosselenkende Männer sah, und die Völ„ker des Otreus und des göttlichen Mygdon, welche da„mals an den Ufern des Sangarius kämpften. Auch ich, „der ich damals noch jung war, wurde auserlesen mit „jenen an dem Tage, wo die mannhaften Amazonen ka„men; aber ihrer waren nicht so viele, als der Achäer mit „feurigen Augen.“ (Hom. Il. III, 183 ff.)

Das Andenken an diesen Zug, über welchen, wie man sieht, nur sehr dürftige und fragmentarische Andeutungen in den alten Schriftstellern vorhanden sind, ist noch heutzutage an den Ufern des Sangarius in Phrygien lebendig. Als ich in Pessinunt und dessen Umgegend mich nach Traditionen aus der Vorzeit erkundigte, erzählte man mir, es habe hier ehemals eine Fürstin Ebrussia geherrscht. Ebrussia weicht allerdings etwas von Orithya ab, aber was kann man mehr verlangen von einem Namen, der über dreitausend Jahre sich erhalten hat, ohne mit einer bestimmten Localität verbunden zu sein? Ich hielt früher Ebrussia für eine Entstellung des Wortes Phrygia, aber ich muss diese Meinung zurücknehmen, weil ich mich überzeugt habe, dass der Name Phrygia im Lande selbst niemals im Gebrauch war. Schreibt man aber Orithya mit arabischen Buchstaben, so nähert man sich schon ganz ausserordentlich dem Namen Ebrussia, denn ein Türke würde ihn Evrissia lesen.

§. 24. Die chronologische Ordnung führt uns jetzt auf den Zug des Hercules, den ich trotz aller poetischen

Ausschmückungen für ein historisches Factum halte. Ich weiss wohl, dass ich damit mancher herrschenden Ansicht widerspreche, da man im Allgemeinen nicht geneigt ist, einen historischen Hercules anzunehmen. Buttmann hat eine geistreiche Abhandlung über die Herculessage geschrieben; es scheint aber, dass der gänzlichen Durchführung seiner Hypothese einige Kleinigkeiten im Wege standen, die er, vielleicht mit grossem Widerstreben, als historische Elemente bezeichnete. Hercules soll das Symbol des Sonnencultus sein, und seine Geburt und Kindheit, seine zwölf Arbeiten, sein Wahnsinn und sein Tod, seine Versetzung unter die Götter, alles wird darauf gedeutet; dabei fehlt es denn auch nicht an Cirkelschlüssen, denn indem schon die Mythographen, Alexandriner, Neuplatoniker u. s. w. zum Behufe ihrer Ansichten die Sage mit neuen Ausschmückungen vermehrten, werden diese neuen Ausschmückungen zum Theil als Belege für die Allegorie angeführt. Selbst die sogenannten zwölf Arbeiten sind eine spätere Ausschmückung, um den Sonnenlauf durch die zwölf Zeichen des Thierkreises dadurch anzuzeigen. Um so grösseres Verdienst hat daher O. Müller, welcher in seinem klassischen Werke „die Dorier“ wiederholt auf die historische Existenz des Hercules hinweist, und darauf dringt, dass die verschiedenen Sagen und Ausschmückungen sorgfältig auseinander gehalten und getrennt werden. Es scheint aber, dass Müller's Ansichten wenig Beifall gefunden haben; Müller ist der Repräsentant des Urhellenenthums, welcher jeden fremdartigen, namentlich orientalischen Einfluss auf die hellenische Cultur leugnet; wenn er darin auch Unrecht hat, so sind diejenigen, welche sein System bekämpfen, ihm keineswegs gewachsen; denn indem sie, allerdings mit Recht, den Einfluss orientalischer Cultur in vielen Beziehungen nachweisen, verkennen sie ihrerseits gänzlich das Wesen des Orients. Es ist jedoch hier nicht der Ort, diese Sätze weiter zu entwickeln. Ich verweise nur auf die im Eingange dieser Abhandlung citirte Stelle aus der Real-Encyclopädie der klassischen Alterthumswissenschaft, wo der Zug des Hercules gegen die Amazonen und der Zug der Amazonen gegen Athen zu einem Kampfe zwischen dem Sonnencultus und Mondcultus gemacht wird, also zu einem Religionskriege!

„Als neunte Arbeit trug Eurystheus dem Hercules „auf, den Gürtel der Hippolyte zu bringen. Diese herrschte „über die Amazonen, welche am Thermodon wohnten, ein „sehr kriegerisches Volk, denn sie übten sich in der Tapfer-„keit. Und wenn sie Kinder gebaren, nährten sie die „Mädchen und drückten ihnen die rechte Brust aus, damit „sie nicht am Werfen des Speeres verhindert würden; die „linke Brust aber liessen sie, damit sie säugen könnten. „Hippolyte hatte den Gürtel des Ares als Symbol der „Herrschaft über alle Frauen. Auf diesen Gürtel nun „wurde Hercules ausgeschickt, da Admete, die Tochter „des Eurystheus, ihn begehrte.“ (Apollod. Bibl. II, 5, 9.)

Die scharfsinnige Untersuchung, ob der Auftrag des Hercules sich auf den Gürtel oder auf das Wehrgehenk der Antiope bezog, überlasse ich, wie billig, den Philologen von Fach, deren Beruf es ist, den Unterschied zwischen τελαμών und ζωστήρ, zwischen *balteus* und *cingulum* festzustellen. Wir nehmen hier Akt von der Erklärung des Mythographen, wo er sagt, der Gürtel des Ares sei das Symbol der Herrschaft über alle Frauen. Die osmanischen Sultane werden bekanntlich nicht gekrönt, sondern bei dem Antritt ihrer Regierung mit dem Schwert umgürtet; wir sehen also, dass dieses Symbol im Orient gebräuchlich ist; die bekannte Stelle im Briefe des Paulus an die Römer (XIII, 4) zeigt, dass nicht bloss dem Heidenthum und dem Islam, sondern auch dem Christenthum das Schwert als Symbol der Herrschaft gilt, und zu den Reichskleinodien des h. römischen Reichs gehört das Schwert Karls des Grossen. Der hausbackene Witz des Arrian von einem „gewissen Gürtel“ der Amazonenkönigin Hippolyte gehört also zu jenen plumpen Rohheiten, an denen die Unwissenheit sich ergötzt.

§. 25. „Nachdem er also freiwillige Kampfgenossen „an sich gezogen hatte, schifften sie sich auf einem Schiffe, „ein, und kamen bei der Insel Paros an, wo Eurymedon „Chryses, Nephalion und Philolaus, die Kinder des Minos, „wohnten. Von den im Schiffe befindlichen wurden zwei „durch die Söhne des Minos getödtet. Darüber erzürnt, „tödtete Hercules diese sofort; die übrigen sperrte er ein „und belagerte sie, bis sie durch Unterhändler sich er„boten, dass er statt der getödteten sich beliebige zwei „andere wähle, darauf hob er die Belagerung auf und „wählte die Söhne des Androgeus, des Sohnes Minos, den „Alcäus und Sthenelus, und kam nach Mysien zum Lycus, „Sohn des Dascylus, und von . . . . . ., König der Bebry-

„ker, bewirthet, dem Lycus zu Hülfe kommend, tödtete „er viele, unter andern den König Mygdon, Bruder des „Amycus; die Stadt der Bebryker zerstörte er und gab „das Land dem Lycus; dieser nannte das Land Heraclea.“ (Apollod. Bibl. II, 5, 9.)

„Der Ruf der Amazonen erfüllte die Völker mit solcher Bewunderung und Furcht, dass selbst Hercules, als „er von seinem Oberherrn den Befehl erhielt, die Waffen „der Königin zu bringen, in eine unvermeidliche Lebens„gefahr gestürzt zu sein glaubte; er sammelte also die „edelste Jugend aus ganz Griechenland, rüstete neun „Kriegsschiffe aus, und trotz dieser grossen Streitmacht „zog er es vor, die Amazonen unvermuthet zu überfallen.“ (P. Oros. 1, 15; ebenso Justin. II, 4.)

An dem Thron des olympischen Zeus zu Olympia befand sich nach Pausanias (V, 11, 2) unter andern Darstellungen ein Gemälde von der Schlacht des Hercules gegen die Amazonen; die Zahl der Streitenden auf beiden Seiten zusammen ist neun und zwanzig. Diese Zahl der Figuren auf einem Gemälde ist indess nicht massgebend; auch der Widerspruch des Apollodor, der nur ein (μία) Schiff angiebt, und des Trogus Pompejus, der nach Orosius und Justinus neun Schiffe angiebt, ist durchaus unerheblich.

In dem vorstehenden Bericht des Apollodorus wird erwähnt, wie Lycus zum Dank für die thätige Hülfe des Hercules das ihm geschenkte Land der Bebryker Heraclea genannt habe; später wurde hier am Meere eine Stadt angelegt, das berühmte Heraclea Pontica, das noch jetzt Eregli oder Benderegli heisst; über die ersten Gründer

der Stadt sind die Geschichtschreiber nicht einig, eben so wenig über den Ursprung des Namens; es wird nämlich auch berichtet, ein Orakelspruch hätte befohlen, dem Hercules zu Ehren hier eine Stadt anzulegen. Die Existenz einer Stadt Heraclea in dieser Gegend ist indessen ein vollgültiger Beweis von der historischen Thatsache des Zuges, denn der Name beweist, dass die Tradition oder das Andenken an die Gegenwart des Hercules hier noch im vollen Bewusstsein war.

§. 26. „Als er darauf in dem Hafen von Themiscyra „landete, kam Hippolyte zu ihm, und als sie erfuhr, wes„wegen er gekommen sei, versprach sie ihm den Gürtel „zu schenken. Hera aber verwandelte sich in eine der „Amazonen, ging zu den übrigen und sagte, die ange„kommenen Fremdlinge rauben die Königin. Darauf be„waffneten sich die Amazonen und ritten nach dem Schiffe. „Als Hercules sie bewaffnet sah, glaubte er, es sei eine „Hinterlist, tödtete die Hippolyte und nahm ihr den Gürtel „ab; dann bekämpfte er die übrigen und schiffte nach „Troja.“ (Apollod. Bibl. II, 5, 9.)

„Beim Eintritt in die Stadt ist das Denkmal der Ama„zone Antiope. Pindar sagt, diese Antiope sei von Piri„thous und Theseus geraubt worden; der Trözenier He„gias aber berichtet Folgendes: Als Hercules Themiscyra „am Thermodon belagerte, habe er die Stadt nicht einneh„men können; Antiope aber, welche sich in Theseus ver„liebt hatte (denn Theseus habe den Zug mit Hercules „gemacht), hätte die Stadt verrathen. So dichtet Hegias.“ (Pausan. I, 2, 1.)

„Als daher Hercules an der Küste der Amazonen „landete, befand sich dort eine grosse Menge mit der „Königin Antiope, indem sie keinerlei Feindseligkeit er„warteten. Daher kam es, dass nur wenige, durch den „Tumult aufgeschreckt, die Waffen ergriffen und dem Feinde „den Sieg leicht machten. Viele wurden erschlagen, an„dere gefangen genommen, unter den Gefangenen befan„den sich die Schwestern der Antiope, Menalippe, welche „vom Hercules, und Hippolyte, welche vom Theseus ge„fangen genommen wurde. Theseus aber, der seine Ge„fangene als Siegespreis erhielt, nahm sie zur Ehe und „erzeugte mit ihr den Hippolytus. Hercules gab nach „seinem Siege die Menalippe ihrer Schwester zurück und „erhielt die Waffen der Königin.“ (Justin. II, 4; eben so P. Oros. I, 15.)

„Hercules soll nach einem grossen Siege das Heer „der Amazonen vernichtet, die Hippolyte mit ihrem Gürtel „gefangen genommen und die Nation gänzlich ausgerottet „haben.“ (Diod. Sic. II, 46.)

Viel ausführlicher erzählt Diodor an einer andern Stelle diese Schlacht, offenbar nach einer poetischen Quelle, so dass selbst das Metrum des Dichters an manchen Stellen noch zu erkennen ist. Ohne Gewinn für die historische Darstellung gebe ich doch diesen Bericht hier wieder, da er dazu dienen wird, einige Schwierigkeiten in der Ermittlung der folgenden Ereignisse aufzuklären:

„Hercules erhielt den Auftrag, den Gürtel der Ama„zone Hippolyte zu holen, und unternahm den Zug gegen „die Amazonen. Er schiffte also nach dem seit jener Zeit

„Pontus Euxinus genannten Meere, landete an der Mündung des Thermodon, und lagerte sich nahe bei der „Stadt Themiscyra, wo die Königin der Amazonen ihre „Residenz hatte. Zunächst verlangte er auftragsmässig „den Gürtel; als sie aber nicht gehorchten, lieferte er „ihnen ein Treffen. Die Menge der Amazonen griff das „Gefolge des Hercules an, die ausgezeichnetsten aber „den Hercules selbst, und lieferten eine grosse Schlacht. „Zuerst griff ihn Aella an, welche von ihrer Schnelligkeit den „Namen hatte, fand aber, dass ihr Gegner noch schneller „war. Er wurde dann sofort von der Philippis angegriffen, „welche aber einer tödtlichen Wunde erlag. Darauf erneuerte Prothoe den Angriff; siebenmal soll sie ihren „Gegner besiegt haben. Als aber auch sie fiel, trat Eriböa an ihre Stelle. Sich ihrer Mannhaftigkeit in den „kriegerischen Kämpfen rühmend, glaubte sie keiner Hülfe „zu bedürfen, aber sie strafte ihre Worte Lügen und fiel „vor einem Stärkeren. Nach dieser kamen Celäno, Eurybia und Phöbe, die Jagdgefährten der Artemis, vor allen „geschickt im Werfen des Speers, aber das eine Ziel verfehlten sie: mit einander gemeinschaftlich kämpfend, fielen sie alle. Nach ihnen bezwang er die Deïanira, Asteria „und Marpe, die Tecmessa und Alcippe; diese hatte geschworen, eine Jungfrau zu bleiben; sie hielt ihren Schwur, „aber ihr Leben bewahrte sie nicht. Die Anführerin der „Amazonen, Melanippe, vorzüglich bewundert wegen ihrer „Mannhaftigkeit, verlor die Führerschaft. Hercules tödtete „die vornehmsten Amazonen, zwang die übrigen zur Flucht, „und tödtete die Mehrzahl, so dass die Nation gänzlich

„aufgerieben wurde. Von den Kriegsgefangenen schenkte „er die Antiope dem Theseus, die Melanippe aber setzte „er in Freiheit, indem er dafür den Gürtel als Lösegeld „empfing.“ (Diod. Sic. IV, 16.)

§. 27. „Philochorus und einige andere Schriftsteller „berichten, Theseus habe mit Hercules den Zug gegen die „Amazonen nach dem schwarzen Meere gemacht und als „Siegerpreis die Antiope erhalten; die meisten aber, z. B. „Pherecydes, Hellanicus und Herodorus berichten, The„seus habe später als Hercules seinen eigenen Zug aus„geführt und die Amazonen gefangen genommen, was auch „wahrscheinlicher ist. Denn es wird von keinem andern „Gefährten berichtet, dass er eine Amazone gefangen ge„nommen habe. Bion erzählt, er habe sie mit List ge„fangen genommen; denn die Amazonen seien von Natur „männerfreundlich und wären nicht vor Theseus geflohen, „als er in ihr Land kam, sondern sie hätten ihm ein Gast„geschenk geschickt; er habe die Ueberbringerin aufge„fordert auf sein Schiff zu kommen, worauf er sie entführt „hätte. Menecrates, welcher eine Geschichte der Stadt „Nicäa in Bithynien geschrieben hat, sagt, Theseus habe „sich in diesen Gegenden aufgehalten, als er die Antiope „erlangt hätte; es hätten aber drei Brüder, Jünglinge aus „Athen, mit ihm den Zug gemacht, Euneon, Thoas und „Solois. Letzterer verliebte sich in die Antiope und ohne „den andern etwas davon zu sagen, sprach er mit einem „seiner Vertrauten darüber, welcher desshalb zur Antiope „ging; diese habe den Versuch kräftig zurückgewiesen, „die Sache jedoch milde und weise aufgenommen, indem

„sie dem Theseus nichts davon mittheilte. Solois aber „stürzte sich aus Verzweiflung in einen Fluss und ertrank; „als nun Theseus die Ursache, die Leidenschaft des Jüng„lings, erfuhr, habe es ihm sehr leid gethan, und einen „unglückweissagenden Orakelspruch der Pythia auf sich „bezogen; denn es wurde ihm von der Pythia in Delphi „befohlen, wenn er wegen einer Ausländerin sehr betrübt „und bekümmert würde, eine Stadt anzulegen und einige „seiner Führer dort zu lassen. Er legte daher eine Stadt „an und nannte sie nach dem Namen des Gottes Pytho„polis und den vorbeifliessenden Fluss Solois. Er liess „auch den Bruder des Solois als Vorsteher und Gesetz„geber zurück und mit ihnen den Hermos, einen edlen „Athener, von dem die Pythopoliten den Ort „das Haus „des Hermes (Ἑρμοῦ οἰκία)“ nannten, was nicht ganz rich„tig ist, indem sie so den Gott Hermes statt des Heros „Hermos als Urheber rühmen.“ (Plut. in Theseo cap. 26.)

Die Vergleichung der beiden letzten Berichte führt ungefähr zu folgenden Ergebnissen. Nach dem Tode der Marpesia und Lampedo kam die Regierung an Orithya und Antiope, Töchter der Marpesia. Während Orithya auf einem Feldzuge in Phrygien abwesend war, kam Hercules an, um den Gürtel der Antiope zu holen, das heisst, sie zur Unterwerfung aufzufordern. Sei es nun, dass die Amazonen, in Betracht der grossen Uebermacht des Hercules und der Abwesenheit der Orithya mit einem grossen Theil des Heeres, sich freiwillig unterwarfen, oder dass sie erst einen verzweifelten Widerstand versuchten, kurz, Hercules erreichte seinen Zweck und nahm die Anführerin der Amazonen, Melanippe, gefangen. Er entliess sie aber gegen Aushändigung des Gürtels der Antiope, das heisst, der Friede wurde geschlossen, indem Antiope den Hercules und dessen Oberherrn Eurystheus für ihre Oberherren anerkannte. Ob Theseus den Hercules begleitete oder nicht, scheint eine Streitfrage zu sein; indessen wird wohl Plutarch Recht haben; welcher behauptet, Theseus habe seinen Zug abgesondert vorgenommen. Jedenfalls aber muss Theseus nicht lange nachher gekommen sein, denn Antiope ist noch Königin und Orithya ist noch nicht zurückgekehrt. Was Theseus aber zu dem Zuge veranlasste, ist augenscheinlich; es war Eifersucht zwischen den ionischen Athenern und den dorischen Heracliden, welche sich hier um den Einfluss stritten und in diesen Gegenden festen Fuss zu fassen suchten. Denn die Küsten des schwarzen Meeres bildeten ein Hauptaugenmerk der kleinasiatischen und der europäischen Hellenen, und der Kampf um die Hegemonie in dortiger Gegend zieht sich durch die ganze europäische Geschichte hindurch.

Ich wiederhole nochmals, dass es gleichgültig ist, ob die Gegnerin des Hercules Antiope oder Hippolyte war, denn wahrscheinlich führte sie keinen von diesen beiden Namen. So lange die Amazonen mit den Hellenen nicht in Berührung kamen, führten sie einheimische Namen; bei der ersten Berührung mit dem hellenischen Element tauchen griechische Namen auf und die einheimischen verschwinden; es ist also augenscheinlich, dass die Griechen die einheimischen Namen übersetzten, falls sie überhaupt historisch und nicht von den Dichtern erfunden sind.

Hippolyte erscheint später als Schwester der Penthesilea, woraus ich schliesse, dass Hippolyte nicht die Gegnerin des Hercules war; es ist aber auch möglich, dass es zwei Amazonen dieses Namens in der königlichen Familie gab; ich habe jedoch zur Vermeidung von Verwechslungen und bei der Geringfügigkeit des Gegenstandes den Namen Antiope vorgezogen, den auch der mehr historische Trogus Pompejus angiebt.

§. 28. „Die übrigen Amazonen versammelten sich am „Thermodon und beschlossen, sich an den Griechen zu „rächen, zu deren Gunsten Hercules seinen Zug unter„nommen hatte. Vorzüglich hatten sie es auf die Athener „abgesehen, weil Theseus die Führerin der Amazonen „Antiope (oder, wie Einige schreiben, Hippolyte) zur Scla„vin gemacht hatte. Da nun die Scythen mit den Ama„zonen ins Feld zogen, so versammelten sie eine ansehn„liche Streitmacht, womit die Führerinnen der Amazonen „über den cimmerischen Bosporus setzten und durch „Thracien zogen.“ (Diod. Sic. IV, 28.)

„Sobald Orithya erfuhr, dass ihre Schwestern bekriegt „wurden, und dass der Räuber der Fürst der Athener sei, „ermahnte sie ihre Gefährten und sagte, es sei unnütz, dass „sie die Küsten des Pontus und Asien unterjocht hätten, „wenn ihr Gebiet nicht nur dem Kriege, sondern selbst „den Raubzügen der Griechen offen stände. Sie bat darauf „den Sagillus, König von Scythien, um Hülfe; sie, die „Amazonen, seien von scythischer Herkunft; die Nieder„lage ihrer Männer habe einst die Nothwendigkeit veranlasst, dass die Weiber sich bewaffnen; sie berichtete,

„welche Ursachen zum Kriege geführt hätten, und was „sie bis jetzt durch ihre Tapferkeit erreicht hätten; es „möchten daher die scythischen Männer den Frauen nicht „an Thatkraft nachstehen. In der Hoffnung, für sich und „seine Landsleute Ruhm zu erwerben, schickte er seinen „Sohn Panasagoras mit einer zahllosen Reiterei zu Hülfe. „Aber noch vor dem Zusammentreffen mit dem Feinde „entstand eine Uneinigkeit, und die Amazonen wurden „von ihren Hülfstruppen verlassen." (Justin. II, 4.)

„Die Amazonen waren Töchter des Ares, welche am „Thermodon wohnten, die einzigen in der Umgegend, die „sich mit Eisen bewaffnen, die allerersten, welche sich zu „Pferde setzten, auf denen sie gegen alle Erwartung, weil „die Gegner es nicht kannten, die Fliehenden einholen, „den Verfolgern aber entkommen; ihrem Muthe nach „könnte man sie eher für Männer halten, als ihrer Natur „nach für Weiber. Denn sie schienen mehr den Männern „an Muth überlegen, als an Begriffen nachzustehen. Als „sie nun über viele Völker herrschten und sich dieselben „unterwürfig gemacht hatten, hörten sie von dem Rufe „dieses Landes, und in der Hoffnung auf grossen Ruhm „verbündeten sie sich mit den streitbarsten Völkern und „unternahmen einen Feldzug gegen diese Stadt (Athen)." (Lysias, Oratio funebris, in initio.)

§. 29. „Nachdem sie nun einen grossen Theil von „Europa durchzogen hatten, kamen sie zuletzt nach Attica „und schlugen ihr Lager an der Stelle auf, welche noch „jetzt nach ihnen das Amazonium genannt wird. Theseus, „welcher von dem Einfall der Amazonen Nachricht erhielt,

„kam dem Staate zu Hülfe, indem er von der Amazone „Antiope begleitet war, mit welcher er einen Sohn Hip- „polytus erzeugt hatte. Da die Athener tapferer als die „Amazonen waren, besiegte sie Theseus in der Schlacht, „und die Amazonen wurden theils getödtet, theils aus „Attica vertrieben. Auch Antiope, welche an der Seite „ihres Gatten Theseus kämpfte und sich durch ihre Tapfer- „keit auszeichnete, starb den Heldentod. Die übrigen „Amazonen gaben ihre Heimat auf, kehrten nach Scythien „zurück und wohnten bei den Scythen.“ (Diod. Sic. IV, 28.)

„Da sie aber auf tapfere Männer stiessen, sank ihr „Muth auf gleiche Stufe mit ihrer Natur, und indem ihre „früheren Hoffnungen in das Gegentheil umschlugen, schie- „nen sie mehr durch die Gefahren, die sie erlitten, als „ihrem Körper nach Weiber. Nur gelang es ihnen nicht, „aus den Lehren ihrer Fehler sich für die Zukunft besser „zu berathen, indem sie nicht die Heimat erreichten, um „ihr Unglück und die Tapferkeit unserer Vorfahren zu „berichten. Denn sie starben und gaben Sühne für ihren „Unverstand, während diese Stadt (Athen) sich durch ihre „Tapferkeit unsterblichen Ruhm erwarb; ihre Heimat aber „gerieth durch dieses Ereigniss in Vergessenheit. Indem „sie also unrechtmässiger Weise nach fremdem Gute „trachteten, verloren sie das eigene Gut.“ (Lysias, Oratio funebris, in initio.)

„Dieser Krieg scheint nun keineswegs geringfügig „oder weibisch gewesen zu sein, denn die Amazonen wür- „den sich nicht in der Stadt gelagert und bei der Pnyx „und bei dem Museum im Handgemenge gekämpft haben,

„wenn sie nicht im völligen Besitz des Landes und nahe „bei der Stadt gewesen wären. Wenn sie nun, wie Hella„nicus berichtet, über den gefrornen cimmerischen Bos„porus gezogen wären, so ist die Sache glaublich; denn „dass sie in der Stadt gelagert haben, beweisen noch jetzt „die Namen der Plätze und die Begräbnissstätten der „Gefallenen. Lange Zeit zauderte man bedenklich von „beiden Seiten, ehe man eine Schlacht begann; zuletzt „aber habe Theseus dem Phobos ein Opfer geschlachtet „und mit den Amazonen den Kampf eröffnet. Die Schlacht „fand statt im Monat Boedromion, wesshalb die Athener „noch bis jetzt die Boedromien opfern. Clidemus, wel„cher alles sehr ausführlich berichtet, sagt, der linke Flügel „der Amazonen habe sich nach dem heutigen Amazonium „ausgedehnt, der rechte aber bis an die Pnyx zur Chryse. „Die Athener griffen sie vom Museum aus an, und die „Gräber der gefallenen Athener befinden sich an der „Strasse, welche zu den Thoren am Heroon des Chalcodon „führte, welche jetzt die Piräischen Thore heissen. Dort „wären sie mit Gewalt zurückgedrängt bis zu den Eume„niden, und sie hätten sich vor den Weibern zurückge„zogen. Diejenigen Athener aber, welche vom Palladium, „Ardettus und Lyceum hervorbrachen, wären auf den „rechten Flügel derselben gestossen bis zum Lager und „hätten viele Weiber zurückgetrieben. Im vierten Monat „endlich wurde durch Vermittlung der Hippolyte der „Friede geschlossen, denn Clidemus nennt die Gemahlin „des Theseus Hippolyte und nicht Antiope. Einige aber „sagen, sie habe an der Seite des Theseus gekämpft und

„sei durch einen Wurfspiess von der Molpedia getödtet, „und die Säule bei der Olympia sei ihr zur Erinnerung „aufgerichtet. Es ist eben nicht zu verwundern, dass die „Geschichte bei so uralten Ereignissen sich irre. Die „verwundeten Amazonen sollen von der Antiope heimlich „nach Chalcis geschickt und dort verpflegt worden sein; „einige von ihnen sind daselbst bei dem heutigen Ama- „zonium begraben. Dass der Krieg durch einen Frieden „beendigt wurde, beweist noch der Name des Ortes nahe „bei dem Theseum, nämlich das Horcomosion (Ὁρκωμόσιον), „und das ehemals von den Amazonen vor dem Theseum „dargebrachte Opfer. Auch die Megarer zeigen ein Grab „der Amazonen an dem sogenannten Rhus, wenn man den „Marktplatz verlässt, da wo das Rhomboid befindlich ist. „Andere sollen bei Chäronea gestorben und bei dem Bache „begraben sein, welcher damals, wie es scheint, Thermo- „don genannt wurde, jetzt aber Hämon, worüber in dem „Leben des Demosthenes geschrieben ist. Auch Thessa- „lien scheint nicht ganz friedfertig von den Amazonen „durchzogen worden zu sein. Denn noch jetzt zeigt man „ihre Gräber an der Scotusäa und bei den Hundsköpfen. „Dies ist nun das Bemerkenswerthe in Betreff der Ama- „zonen. Denn was der Dichter der Theseis von dem „Aufstande der Amazonen schrieb, dass Phädra, die Gattin „des Theseus, der Antiope nachstellte, und dass die Ama- „zonen sie gerächt hätten, und dass Hercules sie tödtete, „gleicht offenbar einem Mythus und einer Dichtung. Als „aber Antiope gestorben war, heirathete er die Phädra, „indem er von der Antiope einen Sohn Hippolytus oder,

„wie Pindar ihn nennt, Demophon hatte. Alles dies aber, „und die unglücklichen Ereignisse mit ihr und dem Sohne „gehören mehr in den Bereich der tragischen Dichtkunst, „als der Geschichte.“ (Plutarch. in Theseo, cap. 27. 28.)

„Die Athener sagen, als die Amazonen kamen, sei „Antiope von der Molpadia erschossen, Theseus aber habe „die Molpadia getödtet.“ (Pausan. I, 2, 1.)

„Nahe bei dem Heroon des Pandion ist das Denk„mal der Hippolyte. Ich will schreiben, was die Megarer „darüber berichten. Als die Amazonen gegen die Athener „zogen, wurden sie durch Antiope von Theseus besiegt; „viele von ihnen wurden getödtet; Hippolyte, die Schwester „der Antiope und damals Anführerin der Weiber, sei mit „wenigen nach Megara entflohen; durch den schlechten „Ausgang des Feldzuges aber sei ihnen der Muth gesun„ken, und der Rückzug nach der Heimat in Themiscyra sei „noch schwieriger, und so sei sie vor Kummer gestorben; „man habe sie dort begraben; das Denkmal hat die Ge„stalt eines Amazonenschildes.“ (Pausan. I, 41, 7.)

„Glückliche Hippolyte! die Barbarin trug die Waffen „auf der blossen Brust und bedeckte das weiche Haupt „mit dem Helme.“ (Propert. Eleg. IV, 3, 43.)

Auf Anlass der Schlacht bei Chäronea zwischen Philipp von Macedonien und den Griechen citirt Plutarch einen alten Auspruch der Sibylle, in welchem von einer Schlacht am Thermodon die Rede ist, welches ein kleiner Fluss bei Chäronea sei, der sich in den Cephisos ergiesse. Plutarch sagt darüber:

„So viel ich weiss, heisst keiner von den Bächen so,“

(Plutarch war bekanntlich aus Chaeronea gebürtig und musste also die Localitäten genau kennen) „und ich glaube, „der sogenannte Hämon habe damals Thermodon ge- „heissen, denn dieser fliesst bei dem Heracleum vorbei, „da wo das Lager der Hellenen war; und ich vermuthe, „dass nach der Schlacht der mit Blut und Todten ange- „füllte Fluss seinen Namen verändert habe. Duris aber sagt, „der Thermodon sei kein Fluss, sondern als einige Leute „ein Zelt aufschlugen und in der Nähe gruben, hätten sie „eine kleine steinerne Statue gefunden mit einer Inschrift, „nach welcher es Thermodon wäre, welcher eine ver- „wundete Amazone in seinen Armen trug. Darauf soll ein „anderer Orakelspruch gegeben sein, welcher lautet:

„Schwarzer Vogel, erwarte die Schlacht am Thermodon,
„Da wirst du viel Menschenfleisch finden.“

(Plutarch. in Demosthene, cap. 19.)

§. 30. „Die besiegten Amazonen fanden jedoch Auf- „nahme im Lande ihrer Bundesgenossen, mit deren Hülfe „sie ohne Belästigung von andern Völkern in ihr Reich „zurückkehrten.“ (Justin. II, 4.)

§. 31. „Nach Orithya bemächtigte sich Penthesilea „der Regierung. Als sie im trojanischen Kriege gegen die „Griechen Hülfe leistete, zeichnete sie sich unter den „Männern durch Tapferkeit aus. Penthesilea wurde end- „lich getödtet und ihr Heer aufgerieben; die wenigen, „welche in der Heimat zurückgeblieben waren, verthei- „digten sich mit Mühe gegen ihre Nachbarn.“ (Justin. II, 4.)

„Zur Zeit des trojanischen Krieges soll Penthesilea, „die Königin der Amazonen, eine Tochter des Ares, zur

„Sühne eines Mordes an einer Stammgenossin, aus der „Heimat entflohen sein und nach Hectors Tode den Tro-„janern Hülfe geleistet und viele Hellenen getödtet haben; „in dem Kriege mit Auszeichnung kämpfend, starb sie den „Heldentod durch die Hand des Achilles. Sie wird die „letzte der Amazonen genannt, die sich durch Mannhaf-„tigkeit auszeichnete; der Rest der Nation sei herabge-„kommen und gänzlich geschwächt worden; daher halten „auch einige Neuere alle Berichte von der Mannhaftigkeit „der Amazonen für Fabeln.“ (Diod. Sic. II, cap. 46.)

Sonst besitzen wir über den Zug der Penthesilea nach Troja keine Urkunde in ungebundener Rede; wohl aber ist das erste Buch des Quintus Smyrnäus fast ausschliesslich diesem Zuge gewidmet. Es kann nun nicht meine Absicht sein, zur Anschwellung meiner Abhandlung die Uebersetzung dieses Buches der ganzen Länge nach einzuschalten, einzelne Auszüge aber werden immerhin willkommen sein, denn sie geben doch ein anschauliches Bild, wenngleich mit poetischen Farben ausgeschmückt. Da es das letzte Auftreten der pontischen Amazonen ist, so ist auch eine etwas poetisch gehaltene Schilderung an ihrem Platze; es ist das letzte Lebenszeichen der seltenen Erscheinung, und auch von ihr gilt, was Schiller von der ganzen poetischen Welt des alten Hellas sagt:

„Was unsterblich im Gesang soll leben,
Muss im Leben untergehn.“

Es handelt sich hier um eine Episode in dem grossen Drama, welches der unsterbliche Dichter Vater Homer besungen hat; das ganze Hellas betrachtete es als sein erstes Nationalunternehmen, und Homer war der Ruhm und Stolz des Landes. Nun hat es zwar später einige ungemein scharfsinnige Leute gegeben, welche den ganzen trojanischen Krieg für eine Fabel halten; aber kein Hellene hatte sich zu einer solchen Höhe des Scharfsinns gehoben, denn sein Bewusstsein wurde bestärkt durch die Localitäten, *ubi Troja fuit*, und die noch jetzt Zeugniss ablegen von den genauen und wahrheitsgetreuen Schilderungen des Sängers. Andere scharfsinnige Leute dagegen sagen, der trojanische Krieg sei keine Fabel, sondern ein Mythus, eine Allegorie, ein Symbol, und es sei die Aufgabe des Scharfsinns die Bedeutung dieses Mythus, dieser Allegorie, dieses Symbols aufzusuchen. Da sind nun allerlei Dinge zum Vorschein gekommen, und ein noch lebender Gelehrter hat behauptet, die Ilias besinge die Alluvionen am Hellespont, den Lauf des Skamander und des Simois, die Menge des auf der Ebene und auf dem Gebirge fallenden Regens, Hagels, Thaues, kurz die dortigen hygrometrischen und hydraulischen Elementarprozesse, lauter sehr poetische Gegenstände, welche in der That geeignet sind, nicht nur einen Homer, sondern selbst eine ganze Bande von Bänkelsängern zu begeistern. Denn auch dem guten Homer wurde die Existenz abgesprochen, und man hat die tiefsinnige Entdeckung gemacht, dass nicht Homer, ein fabelhaftes Wesen, sondern eine ganze Bande von Bänkelsängern die Ilias und die Odyssee verfertigt hätten, der eine dieses Stück, der andere jenen Fetzen, und später habe Pisistratus alle diese Fetzen und Lappen zusammengeflickt, und so wäre die Ilias und die Odyssee entstanden.

Alle diese Dinge sind für mich viel zu tiefsinnig, als dass ich mich damit befassen könnte. Ich gebe also einfach meine Auszüge aus dem Quintus Smyrnäus, und der Leser kann sie nach seinem Belieben sich auslegen.

„Nach Hectors Tode hatte sich Verzweiflung der Troer „bemächtigt, und gleich dem scheuen Wilde wagten sie es „nicht, ihre Feste zu verlassen, aus Furcht vor dem reissenden Löwen Achilleus. Da erschien von den Ufern des „Thermodon die göttergleiche Penthesilea, fortgetrieben „von der Trauer über den Mord ihrer Schwester Hippolyte, „um den Erinnyen zu entgehen, welche sie überall verfolgten."

Nach Johannes Tzetzes hatte Penthesilea, die Tochter der Otrere, ihre Schwester Hippolyte auf der Jagd getödtet.

„Zwölf andere Amazonen folgten ihr, alle schön, glänzend, kampflustig; aber so edel wie sie waren, so waren „sie doch nur Dienerinnen der Penthesilea. Die Namen „dieser zwölf Begleiterinnen nennt der Dichter: Clonie, „Polemusa, Derione, Evandre, Antandre, Bremusa, Hippothoe, die blauäugige Harmothoe, Alcibie, Antibrote, Derimachia und Thermodossa. Die Troer waren hoch erfreut, als sie die Tochter des Ares, göttergleich, von „lieblichem Anblick, mit freundlichem Lächeln, mit blitzenden Augen, mit züchtig erröthenden Wangen erblickten; „Priamus aber empfing die zwanzigjährige Penthesilea wie „seine Tochter, und vergass darüber zum Theil seinen „Kummer über den Tod seines Lieblings Hector; er liess „ihr ein köstliches Mahl bereiten, machte ihr viele Geschenke und versprach ihr noch grössere, wenn es ge-

„lingen würde, Troja zu befreien. Im Gespräch mit Pria-„mus vermass sie sich, den Achilleus zu tödten, die Argi-„ver zu vertreiben und ihre Schiffe zu verbrennen; aber „Andromache gab ihr zu verstehen, dass sie dem Achilleus „keineswegs gewachsen sei; Hector, der edelste Troer, „der Stolz Ilium's und ihre Freude, habe ihm unterliegen „müssen, und sie sei noch lange nicht Hector.“

„Am folgenden Morgen erhob sie sich vom Lager, „um in den Kampf zu gehen, obwohl ein Traumbild ihr „verkündet hatte, dass sie den Abend nicht mehr sehen „würde; sie legte die Rüstung an, welche Ares ihr ge-„schenkt hatte; zuerst zog sie über ihre silbergleichen „Schenkel die goldenen Beinschienen; dann legte sie einen „schimmernden Harnisch an und gürtete über ihre Schul-„tern ein grosses Schwert, dessen Scheide mit Silber und „Elfenbein künstlich ausgelegt war. Darauf nahm sie den „Schild, welcher einer Mondscheibe ähnlich war, wenn er „über den Wogen des tiefen Oceans halbvoll mit gekrümm-„ten Hörnern aufgeht; auf ihr Haupt setzte sie einen Helm „mit goldenem Helmbusch; über den Schild nahm sie „zwei Wurfspiesse und in die Rechte einen zweischneidi-„gen Ochsenstecken, den ihr die schreckliche Eris ge-„schenkt hatte.“

Etwas abweichend beschreibt ihre Rüstung Johannes Tzetzes: der silberne Harnisch funkelte überall von Sternen, der Helm funkelte von Lyncuriern und Amethysten; auf dem Rücken hatte sie einen goldenen Köcher; in der Linken führte sie einen gewaltigen Schild, in der Rechten ein funkelndes Schwert.

Auf einem Gemälde in der delphischen Lesche war Penthesilea abgebildet wie eine Jungfrau mit einem scythischen Bogen und einem Pantherfell auf der Schulter (Pausan. X, 31.).

„Penthesilea tödtete mit eigener Hand eine Anzahl „Argiver; aber ihre eigene Schaar war schon sehr zusam-„mengeschmolzen, von ihren Begleiterinnen mehr als die „Hälfte gefallen durch die Hand des Idomeneus, des Me-„riones, des Ajas, des Diomedes. Da stürzten plötzlich „die Troerinnen mit Brandfackeln heraus, um mit den „Amazonen die Schiffe der Argiver zu verbrennen.“

„Ducit Amazonidum lunatis agmina peltis
„Penthesilea furens, mediisque in millibus ardet
„Aurea subnectens exertae cingula mammae
„Bellatrix, audetque viris concurrere virgo.“

(Die wilde Penthesilea führt die Schaar der Amazonen mit mondförmigen Schilden, mitten unter Tausenden glüht sie, die Kriegerin, den goldenen Gürtel unter den schwellenden Busen schürzend, und die Jungfrau wagt es, mit den Männern zu ringen. Virg. Aen. I, 490.)

„Schrecken verbreitete sich vor ihnen her, und ent-„setzt wichen die Argiver zurück; da ermuthigte Ajas sie „wieder, und Achilleus erlegte die noch übrigen Beglei-„terinnen der Penthesilea. Nun eröffnete Penthesilea selbst „ihren Kampf mit Achilleus.“

„Aber auch da, als die Kraft der Amazonen mit ehernem Bogen ihm folgte, raubte ihm die männerbezähmende Furcht nicht die Besinnung.“ (Pindar. Nemea III, 38.)

„Lange schwankte der Sieg, aber endlich tödtete Achil„leus die Penthesilea, indem er ihr mit dem Spiess die „rechte Brust durchbohrte.“

„Die mäotische Penthesilea wagte es, zu Ross die Schiffe der Danaer mit Pfeilen zu bekämpfen; als aber der goldne Helm ihre Stirn entblösste, besiegte die glänzende Gestalt den Sieger.“ (Propert. Eleg. III, 11, 13.)

Das ist eine poetische Ausschmückung, die aber doch ein sehr feines Gefühl des Dichters beurkundet; Achilleus bekämpfte und besiegte die Feindin, die ihm mit bewaffneter Hand entgegentrat, aber sein ritterlicher Sinn vergass sofort die Feindschaft, als sie entseelt vor ihm niedersank; er ehrte und achtete die Tapferkeit der Gegnerin und wollte ihr ein feierliches Begräbniss veranstalten. Da trat der rohe Thersites herzu und beschimpfte die Leiche der Heldin, aber Achilles machte mit einem einzigen Faustschlage den Rohheiten des Thersites ein Ende. Sein eigenes Ende war weniger vom Schicksal begünstigt.

„Achilles, du der Sieger so vieler, du wurdest besiegt „von dem feigen Räuber der griechischen Ehefrau. Ja, „wenn es dir bestimmt war, von weibischer Hand zu fallen, „viel lieber wärest du unter der thermodontischen Helle„barde gefallen.“ (Ovid. Metam. XII, 608—611.)

§. 31. Seitdem verschwinden die pontischen Amazonen; durch die Züge des Hercules und Theseus, so wie durch die Züge der Amazonen nach Athen und Troja war die Nation erschöpft, und die wenigen zurückgebliebenen kehrten entweder nach der ursprünglichen Heimat zurück, wie eine Sage lautet, oder sie verloren sich unter den übrigen Bewohnern der pontischen Küste. Hundert Jahre hatte ihre dortige Herrschaft gedauert, oder wie es im Aethicus (p. 52) heisst: „Hundert Jahre herrschte die Kraft des Wahnsinns“, was schwerlich die ursprünglichen Worte des Trogus Pompejus sind, vielleicht nicht einmal die Worte des Aethicus, sondern seines Epitomators Hieronymus.

Drittes Capitel.

Die donischen Amazonen.

§. 32. Um consequent zu sein, müsste ich in der Ueberschrift „die tanaischen Amazonen“ sagen, aber dies ist eine ganz ungewöhnliche Form, während die angewendete allen Lesern mundgerecht ist; da überdies der Tanais der Alten unzweifelhaft der heutige Don ist, so sehe ich keinen Uebelstand darin, eine neuere aber allbekannte Benennung für eine ältere aber wenig vorkommende zu setzen. Wir werden noch einmal darauf zurückkommen.

Um den Ursprung der donischen Amazonen zu berichten, müssen wir ein klein wenig wieder zurückgehen, nämlich zu dem Zuge des Theseus gegen Antiope, welcher unmittelbar nach dem Zuge des Hercules Statt fand und den Zug der Amazonen gegen Athen veranlasste. Hier nun wird Vater Herodot unsere Hauptquelle.

„Von den Sauromaten wird Folgendes erzählt. Als „die Hellenen mit den Amazonen kämpften (die Scythen

„nennen die Amazonen Oeorpata, das heisst Männermörder, „*oeor* nennen sie einen Mann und *pata* tödten), sollen die „in der Schlacht am Thermodon siegreichen Hellenen bei „ihrer Abfahrt alle gefangenen Amazonen auf drei Schif„fen mitgenommen haben; diese hätten auf der offenen „See die Männer ermordet; da sie aber von der Schiff„fahrt nichts verstanden, und mit Steuerrudern, Segeln „und Rudern nicht umzugehen wussten, wären sie nach „der Ermordung der Männer den Wellen und Winden „preisgegeben und in das mäotische Meer nach der Stadt „Cremni gekommen. Cremni gehört zum Lande der freien „Scythen. Dort stiegen die Amazonen aus den Schiffen „und wanderten nach den benachbarten Gegenden. Als „sie die erste Pferdeheerde antrafen, raubten sie diese, „setzten sich auf die Pferde und plünderten die Habe der „Scythen.“ (Herod. IV, cap. 110.)

Die Lage der Stadt Cremni lässt sich nicht ganz genau bestimmen, indessen kann sie auf keinen Fall weit vom rechten Ufer des Don, vielleicht bei dem heutigen Taganrog, gelegen haben. Zu dieser wunderbaren Verschlagung dreier Schiffe von der Mündung des Thermodon nach der nördlichen Küste des asovschen Meeres kann ich aus der neuesten Geschichte einen Pendant liefern. Vor siebzehn Jahren wurde ein mecklenburgisches Schiff auf dem schwarzen Meere im sinkenden Zustande von der Mannschaft verlassen; diese erreichte glücklich Constantinopel, belegte dort ihre Verklarung, liess sich die nöthigen Papiere aufsetzen, und reiste schliesslich nach der Heimath zurück; die Assecuranzgesellschaft, welche das

Schiff versichert hatte, fand die Papiere in Ordnung und zahlte. Sechs Monate später traf in Rostock oder Wismar (ich weiss es nicht mehr genau) die Nachricht ein, dass das Schiff wohlbehalten im asovschen Meere gefunden worden sei. Dem Seemann ist es übrigens begreiflich, dass ein im sinkenden Zustande befindliches und von der Mannschaft verlassenes Schiff nach sechs Monaten noch wohlbehalten auf dem Meere treibt, denn da die Ladung aus Getreide bestand, so hatte wahrscheinlich diese oder die Garnirung den Leck von selbst verstopft. Was 1844 geschah, konnte auch eben so gut 3000 Jahre früher einmal geschehen.

Der Name Oeorpata, den die Scythen nach Herodot den Amazonen gaben, ist verschieden erklärt worden; nach Herodot bedeutet *oeor* Mann und *pata* tödten. In *oeor* erkennt man ohne Mühe ein Wort wieder, welches Gemeingut verschiedener Sprachstämme ist: lateinisch *vir*, armenisch *air*, türkisch *er* und selbst das deutsche Wort *er*, ferner das spanische *varon* u. s. w. Eben so ist der Stamm der zweiten Hälfte Gemeingut mehrerer Sprachstämme: französisch *battre* (italienisch *battere*), englisch *to beat*; in den arischen und türkischen Sprachen aber scheint sich das Wort nicht zu finden, und es ist mir daher wahrscheinlich, dass Herodot das Wort nicht ganz richtig aufgefasst habe. Im §. 18 habe ich gesagt, dass Marpesia „Männermörderin“ bedeute; hier lässt sich die Bedeutung leichter nachweisen; *mar* ist, wie wir schon vorhin gesehen haben (§. 17), nur eine andere Form für *var*, und hat sich noch im Lateinischen erhalten (*mas*, *maris*); die zweite

Hälfte findet ihre Erklärung in der Sprache der Keilschriften zweiter Gattung, wo *apisch* „er hat getödtet“ bedeutet. Lampedo würde „Hausfrau“ bedeuten, von *lama*, welches in denselben Inschriften „Haus“ bedeutet, und *bed* (armenisch) Oberhaupt.

§. 33. „Die Scythen konnten die Sache nicht recht „begreifen, denn sie kannten weder die Sprache, noch die „Kleidung, noch das Volk, aber sie verwunderten sich, „woher sie wohl gekommen sein mochten. Es schienen „ihnen Männer von diesem Alter zu sein, und sie lieferten „ihnen ein Treffen; nach der Schlacht bemächtigten sich „die Scythen einiger Todten, und so erkannten sie, dass „es Frauen waren. Nach gepflogener Berathung beschlossen „sie, sie auf keinen Fall zu tödten, und die jüngsten Männer, ungefähr in gleicher Anzahl mit den Amazonen, zu „ihnen zu schicken; diese sollten neben ihnen ihr Lager „aufschlagen und dasselbe thun, was jene thun würden; „wenn die Frauen sie verfolgten, sollten sie nicht gegen „sie kämpfen, sondern fliehen; wenn sie aber ausruhten, „sollten sie neben ihnen lagern. Die Scythen fassten diesen „Beschluss, weil sie mit ihnen Kinder erzeugen wollten.“ (Herod. IV, 111.)

Da die Griechen sicherlich den guten Geschmack hatten, nicht alte Weiber, sondern junge und möglichst hübsche Mädchen gefangen zu nehmen, so ist die Erzählung des Herodot eben so naiv, wie mit dem Stempel der reinsten Wahrheit bezeichnet. Die Scythen wurden über die frechen Pferdediebe erbittert und schlugen einige von ihnen todt; bei der Plünderung der Leichname erkannten sie, dass es Mädchen waren, und da musste in ihnen der natürliche Wunsch aufsteigen, ein solches kühnes und ritterliches Mädchengeschlecht für sich zu gewinnen, um nach einem hippologischen Ausdruck die Race zu verbessern.

§. 34. „Die ausgesandten Jünglinge richteten die er„haltenen Befehle aus. Als die Amazonen erkannten, dass „sie ihnen nichts zu Leide thaten, liessen sie sie gewähren. „Mit jedem Tage aber rückten sie die beiderseitigen Lager„plätze einander näher; beide aber, die Jünglinge und die „Amazonen, besassen nichts ausser den Waffen und den „Pferden, und führten dieselbe Lebensart, sie jagten und „plünderten. Die Amazonen thaten nun gegen Mittag „folgendes: sie zerstreuten sich, je eine oder zwei, von „den übrigen abgesondert, um ihre Bedürfnisse zu befrie„digen; als die Scythen dies merkten, thaten sie dasselbe. „Einer von diesen stürzte auf eine Amazone zu, die „sich abgesondert hatte; die Amazone lief nicht weg, son„dern liess ihn gewähren; sprechen konnte sie nicht mit „ihm, denn sie verstanden einander nicht; sie bedeutete „ihm aber mit der Hand, er möge am andern Tage wieder„kommen und noch jemanden mitbringen, indem sie zu „verstehen gab, es würden zwei kommen, da auch sie eine „andere mitbringen würde. Der Jüngling erzählte dies „nachher den übrigen; am folgenden Tage kam er mit „einem andern auf den Platz, und fand die Amazone mit „einer zweiten auf sich wartend. Als die übrigen Jünglinge „dies erfuhren, zähmten sie auch die übrigen Amazonen.“ (id. cap. 112. 113.)

Jede Abweichung von der wörtlichen Uebersetzung

würde dem unübertrefflichen idyllischen und anmuthigen Charakter dieser Erzählung Eintrag thun, und da ich weder für den Dauphin und andere kleine Kinder, noch für prüde Engländerinnen schreibe, so habe ich die Erzählung unverkürzt wiedergegeben.

§. 35. „Darauf vereinigten sie die Lagerstätten und „wohnten beisammen, indem jeder von ihnen diejenige zur „Frau hatte, mit welcher er zuerst zusammen gekommen „war. Die Sprache der Weiber konnten die Männer nicht „lernen, die Weiber aber verstanden die Sprache der „Männer. Nachdem sie sich nun vereinigt hatten, sagten „die Männer zu den Amazonen: Wir haben Eltern, welche „Besitzthum haben. Lasst uns daher nicht länger dieses „Leben führen, sondern mit den übrigen Leuten zusammen „wohnen. Wir werden euch zu Weibern haben und keine „andere. Darauf sagten die Amazonen: Wir können nicht „mit euren Weibern zusammen wohnen; denn unsere Sit„ten sind anders als die ihrigen. Wir schiessen mit dem „Bogen, schleudern den Speer und reiten; weibliche Ar„beiten aber haben wir nicht gelernt; eure Weiber aber „können nichts von unsern Dingen thun, verrichten weib„liche Arbeiten und bleiben auf den Wagen; sie gehen „nicht auf die Jagd noch sonst irgendwohin. Wir würden „uns also mit ihnen nicht vertragen können. Wenn ihr „aber uns zu Frauen haben und gerecht erscheinen wollt, „so geht zu euren Eltern, nehmt euren Antheil an den „Gütern und kommt dann wieder, um mit uns zusammen „zu wohnen. — Die Jünglinge liessen sich überreden und „thaten so. Nachdem sie den ihnen gebührenden Antheil

„an den Gütern erhalten hatten, kehrten sie zu den Amazonen zurück, welche zu ihnen sagten: Wir fürchten „uns, in diesem Lande zu wohnen, nachdem ihr eure „Eltern um diese Güter gebracht und euer Land um „so vieles beraubt habt. Da ihr uns aber zu Frauen „haben wollt, so thut Folgendes mit uns: lasst uns dieses „Land verlassen und jenseit des Tanais wohnen.“ (id. cap. 114. 115.)

§. 36. „Die Jünglinge gehorchten. Sie setzten über „den Tanais und marschirten drei Tagereisen ostwärts vom „Tanais, drei Tagereisen nördlich vom mäotischen Meere, „worauf sie in dasjenige Land kamen, welches sie jetzt „bewohnen; seitdem führen die Weiber die alte Lebensart „der Sauromaten, sie jagen und reiten mit den Männern „und ohne die Männer, und ziehen in den Krieg und „tragen dieselbe Rüstung wie die Männer. Die Sauromaten „sprechen die scythische Sprache, aber schon von jeher „fehlerhaft, da die Amazonen sie nicht gut gelernt haben. „Mit den Ehen halten sie es, wie folgt: keine Jungfrau „heirathet eher, als bis sie einen Feind getödtet hat; einige aber von ihnen sterben als alte Weiber, ehe sie „sich verheirathet haben, indem sie das Gesetz nicht ausführen konnten.“ (id. cap. 116. 117.)

Damit schliesst Herodot seinen anziehenden Bericht, und wenn auch in den Details einiges wie poetische Ausschmückung erscheint, so ist doch kein Umstand in der ganzen Erzählung, welcher an innerer Unwahrscheinlichkeit leidet, und mehr als dies können wir wahrlich nicht verlangen. Eine eigentliche Geschichte der doni-

8

schen Amazonen finden wir aber nicht bei den Griechen; das Land war für sie zu weit entlegen, und die Hellenen kamen nicht weiter mit ihnen in Berührung. Dagegen finden wir eine ziemliche Menge Einzelheiten über ihre Lebensart, welche ich hier hersetzen will, nebst den wenigen sonstigen Angaben, so weit sie hierher gehören.

§. 37. „Den Tanais, welcher die Gränze von Asien „ist, indem er das Festland zu beiden Seiten trennt, be„wohnen zuerst die Sarmaten auf zweitausend Stadien. „Nach diesen ist das Volk der Mäoten, welche Jazameten „heissen, wie Demetrius behauptet, wie aber Ephorus sagt, „Sauromaten. Mit diesen Sauromaten sollen sich einst die „Amazonen vereinigt haben, als sie nach der Schlacht am „Thermodon hierher kamen, weshalb sie auch die Weiber„beherrschten genannt werden.“ (Scymnus Chius, 874—885.)

„Zwischen dem Rhaflusse und den hippischen Bergen, „oberhalb der Siracener, ist das Land des Mithridates; „oberhalb desselben die Melanchlänen, dann die Sapo„threner, oberhalb derselben die Scymniten, dann die „Amazonen.“ (Ptolem. V, 9, 19.)

„In den Gebirgen oberhalb Albaniens sollen auch die „Amazonen wohnen; Theophanes aber, der den Feldzug „des Pompejus mitmachte und zu den Alanen kam, sagt, „dass zwischen den Amazonen und Albanern die gelischen „und legischen Scythen wohnen, und dass darauf der „Fluss Mermadalis zwischen diesen und den Amazonen „fliesst. Andere, z. B. der Scepsier Metrodorus und Hyp„sicrates, die in jenen Ländern nicht unbekannt sind, sa-

„gen, dass die Amazonen an dem Nordabhange des Cau„casus, welcher Coraunia heisst, nahe bei den Gargareern „wohnen. — Der Mermodas (Mermadalis) entspringt auf „den Gebirgen, fliesst durch das Land der Amazonen und „durch Siracene und die dazwischenliegende Wüste, und „ergiesst sich in den mäotischen See. Die Gargareer „sollen mit den Amazonen zugleich aus Themiscyra aus„gezogen und hierher gewandert sein; darauf hätten sie „sich von ihnen getrennt, mit den Thraciern und Euböern „Krieg geführt, und wären bis dahin umhergewandert; „später hätten sie den Krieg mit den Amazonen unter den „angegebenen Bedingungen beendigt, nämlich dass nur die „Kinder gemeinschaftlich sind, aber jeder Theil für sich „lebe.“ (Strabo Geogr. XI, cap. 5.)

„Vom Flusse Tanais fängt Asien an, und das erste „Volk in Asien ist im Pontus die Sauromaten; die Sau„romaten sind ein von Weibern beherrschtes Volk.“ (Scylax Caryand. §. 76.)

„Jenseit der Arimphäen erstreckten sich die Cimme„rier und das Volk der Amazonen bis zum caspischen „Meere.“ (Solin. Polyhist. cap. 27.)

Diese Angaben stimmen nicht ganz mit einander überein; die genauesten Nachrichten sind unstreitig diejenigen, welche uns Strabo aufbewahrt hat, und woraus sich ergiebt, dass die Sauromaten und Amazonen am nördlichen Abhange des Caucasus, im heutigen Gouvernement Stawropol, an den Flüssen Jegorlik (Mermadalis) und Manitsch bis zum Don hinauf wohnten. Plutarch erzählt uns (de fluminibus c. 14) eine alberne Geschichte von diesem Fluss;

er habe früher Amazonius geheissen, aber Tanais, ein Sohn des Berossus und der Amazone Lysippe, ein verständiger (?) Jüngling, sei ein Weiberfeind gewesen, dafür habe ihn Venus bestraft, indem sie ihn verliebt machte, und endlich habe er sich in den Fluss gestürzt, der seitdem nach ihm benannt worden sei. Die ganze Erzählung ist zu albern, und wir haben schon vorhin gesehen, dass Don im Ossetischen noch jetzt „Wasser“ oder „Fluss“ bedeutet; es ist wahrscheinlich, dass früher dieses Wort viel weiter verbreitet war, und den Vokal *a* hatte, wie man ausser dem Tanais an Danubius (Donau), Eridanus (Po), Rhodanus (Rhone) u. s. w. sieht. Es ist übrigens schade, dass die Symboliker nicht daran gedacht haben, dass Tanais auch der phönicische Name der Artemis ist, und dass selbst der Fluss Tanais von der Aphrodite Tanais benannt sei, wie Iamblichus meldet. Das hätte doch noch einen weiteren Anhaltspunkt für die Mondpriesterinnen gegeben. Indessen aufgeschoben ist nicht aufgehoben; vielleicht wird man in Zukunft neben dem mondförmigen Schilde und neben der heiligen Mondstadt Mene und der Stadt Ephesus auch noch den Tanais und das armenische Wort *amis* (Monat) anführen, und ich kann noch einige andere Anhaltspunkte liefern, wenn es darauf ankommt, disparate Dinge zusammen zu würfeln, um eine vorher aufgezimmerte Hypothese zu stützen. Die *Anait* oder *Anaid* als eine orientalische Gottheit giebt rückwärts gelesen die römische Gottheit Diana; *Anait* selbst aber bedeutet im Türkischen (*ana, it*) „die Mutter und der Hund“, ein vortrefflicher Name für die Artemis (Diana), der noch zu weitern Combinationen führen kann, denn das würde ja beweisen, dass diese Mondpriesterinnen Türkinnen waren, und damit wäre ja auf einmal klar, wesshalb die Türken den Halbmond zum Wappen haben.

§. 38. „In Europa ist ein scythisches Volk, welches „am mäotischen Meer wohnt, und welches von andern Völ„kern verschieden ist; sie heissen Sauromaten; ihre Wei„ber reiten, schiessen mit dem Bogen, werfen den Speer „von den Pferden und kämpfen mit den Feinden, so lange „sie Jungfrauen sind, und sie vermählen sich nicht eher, „als bis sie drei Feinde getödtet haben, und vollziehen „nicht eher das Beilager, als bis sie dem nomischen Apollo „geopfert haben; sobald sie aber einen Mann genommen „haben, hören sie auf zu reiten, wenn die Noth sie nicht „zwingt, an einem gemeinsamen Feldzuge Theil zu nehmen. „Sie haben keine rechte Brust, denn wenn sie noch kleine „Kinder sind, legen die Mütter ein eigends zubereitetes „Erz, welches sie glühend machen, auf die rechte Brust „und brennen sie aus, wodurch deren Wachsthum ver„hindert wird, und die ganze Stärke und Fülle sich über „die rechte Schulter und den rechten Arm verbreitet.“ (Hippocrates, de aere, aquis et locis, §. 89. 90.)

„Die Amazonen sollen ihre Arbeiten alle selbst ver„richten, pflügen, Gärtnerei betreiben, die Thiere auf die „Weide führen, besonders die Pferde; die stärksten be„schäftigen sich mit der Jagd zu Pferde und mit dem „Kriege; alle aber brennen den Kindern die rechte Brust „aus, damit sie sich des Armes zu jeder Beschäftigung

„mit Leichtigkeit bedienen, besonders bei dem Werfen „des Speeres.“ (Strabo XI, 5.)

§. 39. „Ausserdem bedienen sie sich des Bogens und „der Hellebarde und des kleinen Schildes; aus den Fellen „wilder Thiere machen sie sich Helmbüsche, Decken und „Gürtel.“ (id. ibid.)

„Ihre Waffen konnte Niemand rauben oder nachahmen; „sie hatten damals eine so schöne und nützliche Kunst im „Gebrauch; später bedienten sich die Scythen, Ionier, „Cappadocier, Deutschen und Trojaner ähnlicher Waffen, „Pfeile, Wurfspiesse und Schwerter. Ihre Schilde aber „härteten sie nach einem wilden Gebrauche so sehr, dass „die Künstler ähnliche Waffen nicht zu erfinden oder aus„zuführen vermochten, denn sie konnten das Geheimniss „der Verfertigung durchaus nicht begreifen, weil die Ama„zonen dieses Geheimniss andern nicht mittheilen wollen. „Der Philosoph (Aethicus) sagt, er habe ihre Wohnungen, „Hütten und Höhlen in den Sümpfen gesehen und sei „auch desshalb zu ihnen gekommen, damit er ihren Ur„sprung, ihre Auswanderung und die Wiedereröffnung des „Krieges erführe. Aber er schreibt noch viele andere „wunderbare Dinge von ihrer Kenntniss, die uns unglaub„lich erscheinen. Sie sollen in der Wüste junge Mino„tauren gefunden, aufgefüttert und gezähmt haben und „zuerst mit ihnen die Schlachtreihen der Feinde durch„brochen haben. Die Minotauren sollen tapferer gewesen „sein, als Legionen von Bewaffneten. Eben so hätten sie „Centauren mit Frauenmilch gefüttert, und diese hätten „aus Freundschaft und Zärtlichkeit gegen ihre Ammen

„diese ihre Freundinnen gegen die Feinde vertheidigt und „selbst sich für sie aufgeopfert. Auch von den Elephanten „berichtet er Aehnliches. Und desshalb sei ihre Tapferkeit „und Stärke in den Kriegen berühmt gewesen.“ (Aethic. Istr. p. 52 ff.)

Der letzte Theil dieses Berichtes von Aethicus wimmelt von Faseleien; es ist jedoch nicht möglich zu ermitteln, ob sie allein dem Aethicus oder auch dem Hieronymus zur Last zu legen sind, der nicht immer seinen Autor verstanden haben mag.

§. 40. „Amazonen, ein weibliches Volk am Thermodon, „nach dem Zeugniss des Ephorus, welche jetzt Sauromaten „genannt werden. Man sagte, dass sie sich vor den Män-„nern auszeichneten, indem man als Ursache die Boden-„beschaffenheit anführte; so dass dort die weiblichen Kör-„per stärker und grösser als die männlichen wären: ich „glaube aber, dass die Ursache falsch ist, und halte die „von den Bewohnern der Umgegend angegebenen für „wahrscheinlicher. Als die Sauromaten zuerst nach Eu-„ropa zogen, und alle vernichtet wurden, wären die Wei-„ber allein zurückgeblieben, und als die Männer sich wie-„der mehrten, hätten sich diese gegen die Weiber empört. „Die Weiber aber hätten die Oberhand behalten und die „Männer gezwungen in eine waldige Gegend zu flüchten, „wo sie umgekommen wären. Aus Furcht vor der Rache „der jüngeren Männer hätten die Weiber nun zum Gesetz „gemacht, alle Männer zu entmannen. Man nennt sie auch „Sauropatiden, weil sie Eidechsen fangen und essen, oder „Sauromatiden, weil sie im sauromatischen Scythien woh-

„nen. Es giebt auch eine Amazonenstadt Mesapia.“ (Steph. Byz. s. v. Ἀμαζόνες.)

Auch dieser Bericht ist grösstentheils Faselei.

„Zwei Monate im Frühling gehen sie auf das benach„barte Gebirge, welches sie von den Gargareern trennt; „auch diese gehen nach alter Sitte hinauf, opfern mit den „Weibern und wohnen ihnen bei, um Kinder zu erzeugen, „und zwar ungesehen in der Finsterniss; jeder nimmt die„jenige, die er findet; sind sie schwanger geworden, so „entlassen sie sie; die Mädchen, welche sie gebären, be„halten sie, die Knaben aber bringen sie den Gargareern, „um sie zu erziehen; jeder von ihnen bleibt bei demje„nigen, dem er zufällt, und hält sich in Ermangelung bes„serer Kunde für dessen Sohn.“ (Strabo XI, 5.)

Plutarch sagt (in Pompejo, cap. 35), indem er von der Schlacht am Abasflusse gegen die Albaner spricht: „In dieser Schlacht sollen auch viele Amazonen auf der „Seite der Barbaren gekämpft haben, welche von den „Bergen bei dem Flusse Thermodon herabgekommen wa„ren. Denn als die Römer nach der Schlacht die Barbaren „auszogen, fanden sie Amazonenschilde und Kothurne, es „wurde jedoch kein einziger weiblicher Leichnam gefunden. „Sie wohnen aber an dem dem caspischen Meere zuge„wandten Abhang des Caucasus und sind keineswegs „Gränznachbarn der Albaner, sondern es wohnen Gelen „und Legen zwischen ihnen; zwei Monate im Jahre kom„men sie zu ihnen nach dem Flusse Thermodon, wo sie „ihnen beiwohnen; darauf aber kehren sie wieder in ihr „Gebiet zurück.“

§. 41. So weit reichen die Nachrichten über die donischen Amazonen und überhaupt über alle Amazonen; wie lange sie sich im Norden des Caucasus hielten, ob sie ganz ausgerottet wurden, oder ob sie allmählich sich in ihrer Lebensweise mehr humaner Gewohnheiten befleissigten, niemand weiss es. Da indessen schon die donischen Amazonen nicht mehr ein ausschliesslich weibliches Gemeinwesen bildeten, sondern nur nach den glaubwürdigeren Berichten mit den Männern gemeinschaftlich die Beschäftigungen der Jagd und des Krieges theilten, so ist es wahrscheinlich, dass der Uebergang zu mehr naturgemässen Gewohnheiten allmählich vor sich ging. Indessen vergesse man es nicht, dass hier vom Caucasus und von uralten Zeiten die Rede ist. Salonsdamen sind sie niemals geworden, sind es auch jetzt nicht, und die Völkerschaften, welche seit den letzten zwei Jahren aus dem Gouvernement Stawropol nach der Türkei auswanderten, dürften in ihrer Lebensweise von den ehemaligen Sauromaten nicht sehr verschieden sein. Ich will damit durchaus nicht behaupten, dass diese Nogajer Nachkommen der Sauromaten sind, denn die Lebensweise wird weit mehr durch Klima und Bodenbeschaffenheit bedingt, als durch Stammverwandtschaft. Was ich aber hier in der Türkei von den Frauen und Mädchen dieser Einwanderer gesehen habe, zeigt, dass, wenn es je denkbar wäre, dass die gegenwärtige Zeit ähnliche Verhältnisse hervorbrächte, wie vor dreitausend Jahren, sie recht gut im Stande wären, aus der Noth eine Tugend zu machen, und gleich den ehemaligen Amazonen wieder ein weibliches Gemeinwesen zu bilden.

Indessen tauchen die Amazonen in der alten Geschichte noch einmal auf, zur Zeit Alexanders des Grossen; aber dieses Ereigniss fand schon im Alterthum Widerspruch, nicht nur bei den Geschichtschreibern, sondern selbst von Seiten der Gefährten Alexanders; wir haben also hier Augenzeugen, und da die Prüfung dadurch erleichtert wird, so ist es um so mehr Pflicht des gewissenhaften Geschichtschreibers, diese Prüfung gründlich vorzunehmen. Hören wir also zunächst die Zeugen selbst, und zwar, um desto unparteiischer zu verfahren, in der zufälligen Reihenfolge der alphabetischen Ordnung.

§. 42. „Als Alexander auf der nisäischen Ebene war, „soll Atropates, Satrap von Medien, ihm hundert Weiber „gegeben haben mit der Bemerkung, es seien Nachkommen „der Amazonen; er hatte sie mit Männerrüstungen ver„sehen, nur trugen sie statt der Spiesse Aexte und statt „der grossen Schilde (ἀσπίδες) kleine Schilde (πέλται); „auch soll ihre rechte Brust kleiner sein, und sie sollen „dieselbe im Gefechte bloss tragen. Alexander habe sie „aus dem Lager entfernen lassen, damit die Macedonier „oder Perser gegen diese Weiber keine Excesse verübten; „er habe ferner ihrer Königin anzeigen lassen, dass er „selbst zu ihr kommen würde, um Kinder zu erzeugen. „Alles dieses aber hat weder Aristobulus noch Ptolemäus „noch sonst jemand geschrieben, der darüber eine sichere „Auskunft hätte geben können; auch scheint es mir, dass „das Geschlecht der Amazonen sich bis zu jener Zeit nicht

„erhalten habe; auch Xenophon erwähnt ihrer nicht, da er „doch der Phasianer und Colchier und anderer Völker „gedenkt, als sie (die Zehntausend) von Trapezunt auf„brachen, oder ehe sie nach Trapezunt kamen, obwohl „sie barbarische Völker antrafen, und sie hätten doch „Amazonen antreffen müssen, wenn es je Amazonen ge„geben hätte. Es scheint mir auch gar nicht glaublich, „dass dieses Geschlecht von Weibern überhaupt existirt „habe, wie es von diesen und jenen besungen wurde, „wie Hercules zu ihnen geschickt wurde und einen gewissen „Gürtel ihrer Königin Hippolyte nach Hellas brachte, und „dass die Athener mit Theseus diese Weiber, welche nach „Europa gezogen waren, in der Schlacht besiegt und zu„rückgedrängt hätten; dem Cimon zufolge wird die Schlacht „zwischen den Athenern und Amazonen nicht geringer „dargestellt, als die Schlacht zwischen den Athenern und „Persern; auch Herodot spricht oft von diesen Weibern, und „welche von den Athenern in der Schlacht fielen, und die „Thaten der Athener gegen die Amazonen werden ganz „besonders gefeiert. Wenn aber Atropates dem Alexander „einige weibliche Reiter zeigte, so scheint es mir, dass es „andere barbarische Weiber waren, welche im Reiten ge„übt waren, und die er in Amazonentracht gekleidet hatte.“ (Arrian. Exped. Alex. Lib. VII, cap. 13.)

„An Hyrcanien gränzt das Volk der Amazonen, wel„che die Ebene von Themiscyra am Thermodon bewohnten. „Ihre Königin war Thalestris, welche über alle Länder „zwischen dem Caucasus und dem Phasis herrschte. Diese, „vom Wunsche getrieben, den König zu sehen, verliess

„ihre Staaten, und als sie in der Nähe war, schickte sie „Boten voraus mit der Anzeige, es sei eine Königin ge„kommen, welche begierig sei, ihn zu besuchen und seine „Bekanntschaft zu machen. Sobald sie die Erlaubniss „erhalten hatte, befahl sie ihrem Gefolge, zurückzubleiben, „und sie reiste weiter in Begleitung von dreihundert „Frauen. Sobald sie den König erblickte, sprang sie vom „Pferde, mit zwei Spiessen in ihrer Rechten. Das Gewand „bedeckt nicht den ganzen Körper der Amazonen, denn „der linke Theil bis zur Brust ist bloss; von da an ist „alles verhüllt, jedoch reicht das Gewand, welches mit „einem Knoten zusammen gehalten wird, nicht bis über „die Knie. Die eine Brust wird unversehrt erhalten, da„mit sie die Kinder weiblichen Geschlechtes nähre; die „rechte Brust wird abgebrannt, damit sie den Bogen „leichter spannen und die Speere schwingen. Unerschrok„ken trat Thalestris zum König ein, indem zie seine Ge„stalt musterte, die dem Rufe keineswegs entsprach. Denn „bei den Barbaren wird ein majestätischer Körperbau „geachtet, und sie glauben, dass zu grossen Thaten nur „diejenigen geeignet wären, welche die Natur mit einer „ausgezeichneten Gestalt begabt hat. Auf die Frage, ob „sie sich etwas von ihm erbitten wollte, sagte sie ohne „Umschweife, sie sei gekommen, um mit dem Könige ge„meinschaftliche Kinder zu haben; sie sei würdig, ihm „Erben der Herrschaft zu gebären; wäre es ein Mädchen, „würde sie es behalten; wäre es ein Knabe, würde sie „ihn dem Vater senden. Alexander fragte sie, ob sie mit „ihm in den Krieg ziehen wolle. Sie erwiederte, sie könne

„ihr Reich nicht ohne Aufsicht verlassen; sie wiederholte „ihr Gesuch und bat, sie nicht abschläglich zu bescheiden. „Die Begierde des Weibes war stärker als des Königs „und veranlasste sie, einige Tage zu bleiben. Dreizehn „Tage verweilte sie, und ihr Wunsch wurde erfüllt, worauf „sie in ihr Reich zurückkehrte und der König nach Parthien zog.“ (Curt. Ruf. VI, 5.)

„Als Alexander wieder nach Hyrcanien zog, kam „Thalestris, die Königin der Amazonen, zu ihm; diese „beherrschte das Land zwischen dem Phasis und Thermodon und zeichnete sich durch Schönheit und Körperstärke aus und war von ihren Landsleuten wegen ihrer „Mannhaftigkeit bewundert. Sie liess ihr Heer an der „Gränze von Hyrcanien zurück und kam mit dreihundert „bewaffneten Amazonen an. Alexander bewunderte das „Ausserordentliche der Sache und die Würde der Frau, „und fragte, was sie wünsche, worauf sie erklärte, sie „wolle mit ihm Kinder erzeugen, denn er sei vermöge „seiner Thaten der edelste unter den Männern, sie aber „zeichne sich unter den Weibern durch Stärke und Mannhaftigkeit aus; es sei also wahrscheinlich, dass die Kinder „von einem solchen Elternpaar alle andern Menschen an „Tapferkeit übertreffen würden. Dem König gefiel dies, „und er nahm ihr Gesuch gern auf, behielt sie dreizehn „Tage bei sich und entliess sie mit ansehnlichen Geschenken in ihre Heimat.“ (Diod. Sic. XVII, 71.)

„Nach Unterwerfung der Hyrcanier und Marden kam „Thalestris oder Minithya, die Königin der Amazonen, mit „dreihundert Frauen, nach einer Reise von fünfundzwanzig

„Tagen durch verschiedene Völker zum König, um von „ihm Kinder zu haben. Ihre Ankunft, ihre Erscheinung, „das ungewöhnliche Aeussere des Weibes und der Zweck „ihrer Reise erregte allgemeines Erstaunen. Der König „gewährte desshalb eine Rast von dreizehn Tagen, und „nachdem ihr Wunsch erfüllt war, kehrte sie zurück.“ (Justin. XII, 3.)

„Kurze Zeit darauf ging sie und das ganze Geschlecht „der Amazonen unter.“ (id. II, 4.)

„Am Orexartes soll die Amazone zu Alexander ge- „kommen sein, wie unter andern Clitarchus, Polyclitus, „Onesicritus, Antigenes und Istrus berichten; dagegen „sagen Aristobulus, Chares der öffentliche Ankläger, Pto- „lemäus, Anticlides, Philon der Thebaner, Philipp aus „Theangela, Hecataeus der Eretrier, Philipp aus Chalcis „und Duris der Samier, es sei eine Dichtung. Alexander „scheint dieses zu bestätigen. Denn da er alles ge- „nau aufschrieb, sagte er dem Antipater, der Scythe „habe ihm seine Tochter zur Ehe gegeben, aber der „Amazone erwähnt er nicht. Man sagt auch, Onesicritus „habe lange Zeit nachher, als Lysimachus schon König „war, diesem sein viertes Buch vorgelesen, worin von „der Amazone die Rede war; Lysimachus soll aber ruhig „lächelnd gesagt haben: Und wo war ich denn damals?“ (Plutarch. in Alexandr. c. 46.)

Die unbefangene Prüfung dieser Zeugenaussagen ergiebt folgende Resultate:

1) Eine verächtlich wegwerfende Ableugnung der Thatsache, wie bei Arrian, ist nicht statthaft.

2) Der Erzählung liegt eine bestimmte Thatsache zu Grunde, wie Alexander selbst, der es doch sicher am besten wissen musste, erklärt.

3) Es ist daher auch nur eine sublime Künstelei, wenn man die Sache als einen Mythus auffassen will, um an die Abstammung Alexanders von Hercules zu erinnern.

4) Die Berichte der späteren, zur römischen Zeit lebenden Geschichtschreiber Diodor, Curtius und Justinus (Trogus Pompejus) sind offenbar poetische Ausschmückungen einer an sich einfachen Thatsache.

Ohne für alle Einzelheiten einstehen zu wollen, glaube ich den Hergang der Sache, wie folgt, auffassen zu dürfen. Ein sakischer Fürst, dessen Staaten Alexander sich näherte, und welcher wahrscheinlich hinlängliche Ursache haben mochte, sich nicht in ein feindseliges Verhältniss zu dem Sieger zu setzen, schickte ihm seine Tochter, die entweder Thalestris oder Minithya hiess, um sie ihm als Gattin anzubieten und zugleich durch ihre Vermittlung das drohende Ungewitter abzulenken. Aehnliche Züge lassen sich aus den ersten zwei Jahrhunderten der osmanischen Geschichte in grosser Fülle nachweisen; nicht nur die mohammedanischen Fürstenhäuser der Kermian Oglu, Karaman Oglu, Isfendiar Oglu u. s. w., sondern auch christliche Monarchen, die Kaiser von Constantinopel, die Despoten von Servien, die Woiwoden der Walachei bedienten sich ganz desselben Mittels zu wiederholten Malen. Alexander scheint die angetragene Vermählung mit der sakischen Prinzessin nicht angenommen zu haben, schloss aber Frieden mit ihrem Vater, und schickte die Prinzessin mit reichen Geschenken zurück. So aufgefasst (nach Alexanders eigener Aussage) hat dieses Ereigniss durchaus nichts Ungewöhnliches; für die Schmeichelei und für die Poesie aber war es ein willkommener Gegenstand, um den macedonischen Helden zu verherrlichen und eine neue Aehnlichkeit mit seinem Vorfahren Hercules nachzuweisen.

Schlussbetrachtungen.

Ich schliesse hiermit die actengemässe Darstellung des Gegenstandes, und obgleich ich fast überall von dem Rechte des Geschichtschreibers Gebrauch gemacht habe, meine eigene Ansicht auszusprechen, so will ich doch damit nicht dem Urtheile des Lesers vorgreifen, der eben durch die Zusammenstellung der Originalacten in den Stand gesetzt ist, sowohl über das Ganze, als über jeden einzelnen Theil, ein selbständiges Urtheil zu bilden. Eben so habe ich auch die symbolische Auffassung ihrem ganzen Umfange nach dargestellt, um zu zeigen, wohin sich der menschliche Verstand verirren kann. Ich habe nachgewiesen, dass die Grundlagen der symbolischen Auffassung auf sehr schwachen Füssen stehen; es bliebe mir hier noch übrig, den hervorgehobenen Gegensatz der Amazonen zu den Corybanten und Gallen zu besprechen; dies würde aber nothwendigerweise erfordern, dass ich zunächst das Wesen dieser sonderbaren Priesterschaft ausführlich erörtere. Dazu scheint mir aber hier durchaus nicht der Ort zu sein; ich habe auch diesen Gegenstand einer eingehenden Prüfung unterzogen, und begnüge mich, einige Resultate meiner diesfallsigen Untersuchungen hier anzugeben.

1) Die Corybanten, Gallen u. s. w. haben mit den Amazonen nicht die geringste Gemeinschaft und sind eben so wenig der Gegensatz der Amazonen.

2) Das Wesen dieser Priesterschaft ist bis jetzt noch ziemlich fehlerhaft dargestellt, weil die ungemein reichhaltigen Quellen bis jetzt nur nothdürftig oder fast gar nicht benutzt sind.

3) Die Gallen sind eine viel spätere Erscheinung, als die Amazonen, vielleicht um tausend Jahr jünger; dagegen

4) besteht diese Verbindung noch bis auf den heutigen Tag in voller Blüthe und unter mannigfachen Formen, die jedoch fast alle auf dasselbe Princip sich zurückführen lassen.

Dagegen ergiebt sich aus der vorstehenden Geschichte mit voller Sicherheit, dass die Amazonen des Alterthums eine Schöpfung der äussersten Nothwendigkeit waren, und dass also der Ausdruck in seiner heutigen Bedeutung, auf Ereignisse und Erscheinungen der neueren Zeit angewendet, eigentlich nicht ganz sachgemäss ist. Jetzt verbindet man mit diesem Ausdruck einen doppelten Sinn, einmal eine Salonsdame, welche zuweilen neben andern Amusements einen Spazierritt macht, an einer Jagdpartie Theil nimmt u. s. w.; dann aber ein Frauenzimmer, welches, sich über diesen orientalisch-deutschen Namen „Frauenzimmer“ und über die natürliche Schwäche ihres Geschlechtes hinwegsetzend, in hoher Begeisterung und Liebe für ihr Vaterland die Waffen ergreift und sich mit den Männern in das Schlachtengewühl stürzt. Abgesehen von der ersten Bedeutung, bei welcher ich mich nicht aufzuhalten gedenke, sieht man, dass die Benennung in der zweiten Bedeutung nicht ganz zutrifft, denn es findet keine äussere Nothwendigkeit Statt, und Strabo's bitterer Spott über die Weiber, welche Männer, und über die Männer, welche Weiber geworden sind, trifft hier ebenfalls vorbei. Es ist vielmehr ein innerer Drang, eine feurige Liebe zum Vaterlande, die sie antreibt, die Gesetze der Natur zeitweilig aufzuheben: es ist keine irdische Betrachtung, sondern der von Archimedes vergeblich gesuchte höhere Standpunkt ausserhalb der Erde, wodurch sie die Erde aus ihren Angeln heben, gleich den armen Fischern und Zöllnern von Galiläa, dem schlichten Kaufmann von Mekka, dem barfüssigen Einsiedler von Amiens, es ist der unerschütterliche, felsenfeste Glaube an etwas Höheres, wodurch sie Berge versetzen, und fast jedes Zeitalter und fast jedes Land hat solche Ereignisse aufzuweisen, und sie werden mit Recht zu den schönsten Blättern der Geschichte gezählt.

Hellas, das reichbegabte Lieblingskind der Natur, hat in seiner Geschichte keine Amazonen in diesem Sinne aufzuweisen; die ganze Stellung des Weibes im alten Hellas brachte es mit sich, dass solche Erscheinung nicht denkbar war, und eben daher erklärt sich auch der Scepticismus des Strabo, des Arrian und des Paläphatus. Erst das neuere Hellas in seiner Wiedergeburt hat in dieser Beziehung das Versäumte nachgeholt. Andere Länder haben schon viel früher solche glänzende Epochen aufzuweisen;

ohne der etwas fabelhaften Vlasta und Libussa in Böhmen zu gedenken, erinnere ich hier vornehmlich an die grosse Nationalheldin Frankreichs und an ihr tragisches Schicksal. Von ihren Feinden dem Flammentode geopfert, hat ein Thersites unter ihren eigenen Landsleuten in einem Schandepos die hehre Erscheinung in den schmutzigsten Koth hinabgezerrt und darin herumgewälzt, und kein Achilleus in der ganzen Nation, die sich ihrer Ritterlichkeit rühmt, hat dem Thersites Schweigen auferlegt.

Das Jahr 1854 schien die alte Erscheinung wieder ins Leben gerufen zu haben; von den Gebirgen Kurdistan's herbeieilend, erschien in Constantinopel Kara Fatme Hanum an der Spitze einer Reiterschaar und eilte sofort weiter nach der Donau, um die Feinde ihres Vaterlandes zu bekämpfen; es war keine hehre, imponirende Gestalt, wie uns Antiope und Penthesilea geschildert werden, im Gegentheil, es war eine bejahrte, kleine, fast zusammengeschrumpfte Alte, aber in ihren Augen blitzte ein kühnes Feuer; es war die beissendste Satyre auf die Symboliker.

Zusatz

zu der ersten Abtheilung der Abhandlung.

Das Manuscript dieser Abhandlung war bereits in den ände des Druckers, als zufällig ein Lieblingsbuch meiner nd wohl sehr vieler Menschen) Jugendlectüre mir in die ände fiel, die Tausend und Eine Nacht, in welcher ich meiner eigenen Ueberraschung eine Menge Anklänge ıd Reminiscenzen fand. Die Erzählung von dem Goldhmied Hassan aus Bassra, welcher eine Fee heirathete, e ihn nachher verliess und ihm sagen liess: „Wenn du ich und meine Kinder wieder verlangst, so geh nach den Vak-Inseln“, worauf er unter tausend Gefahren die Reise nternahm und endlich seinen Zweck erreichte; — diese rzählung, sage ich, welche in der türkischen Ueberetzung die Nächte 796 bis 843 ausfüllt, hat augenscheinlich nehrere Momente aus der Sage von den africanischen Amazonen aufgenommen, und einzelne Details bestätigen vortrefflich die geäusserte Muthmassung von der nsel Teneriffa. In der 817. und 818. Nacht sagt Abdul-

und Genien kommen? Hassan erwiederte: Ich bitte Gott um Hülfe. Darauf kamen sie in das Land der Ungeheuer und der Genien, und nachdem sie dieses passirt hätten, gelangten sie an einen hohen Berg und lagerten sich am Ufer des Flusses, welcher von demselben herabfloss, und an welchem die Residenz der Königin lag."

Die Uebereinstimmung dieses Märchens mit den Berichten Diodor's und Hanno's ist gewiss nicht zufällig, und wir schliessen daraus, dass alle diese Urkunden eine gemeinschaftliche Grundlage haben.

Zeitfracht Medien GmbH
Ferdinand-Jühlke-Straße 7
99095 Erfurt, Deutschland
produktsicherheit@kolibri360.de